Dominio de la lectura a primera vista para bajo

Publicado por **www.fundamental-changes.com**

ISBN: 978-1-910403-79-2

www.fundamental-changes.com

También por Fundamental Changes

I0151605

Foto de portada © Can Stock Photo Inc./CapturedNuance

Contenido

Otros libros de Fundamental Changes

Guía completa para tocar guitarra blues - Libro 1: Guitarra rítmica

Guía completa para tocar guitarra blues - Libro 2: Fraseo melódico

Guía completa para tocar guitarra blues - Libro 3: Más allá de las pentatónicas

Guía completa para tocar guitarra blues - Compilación

El sistema CAGED y 100 licks para guitarra blues

Cambios fundamentales en guitarra jazz: ii V I mayor

Dominio del ii V menor para guitarra jazz

Solos de jazz blues para guitarra

Escalas de guitarra en contexto

Acordes de guitarra en contexto - Parte 1

Dominio de los acordes en guitarra jazz (Acordes de guitarra en contexto - Parte 2)

Técnica completa para guitarra moderna

Dominio de la guitarra funk

Teoría, técnica y escalas - Compilación completa para guitarra

Dominio de la lectura a primera vista para guitarra

El sistema CAGED y 100 licks para guitarra rock

Guía práctica de la teoría musical moderna para guitarristas

Lecciones de guitarra para principiantes: Guía esencial

Solos en tonos de acorde para guitarra jazz

Guitarra rítmica en el heavy metal

Guitarra líder en el heavy metal

Solos pentatónicos exóticos para guitarra

Continuidad armónica en guitarra jazz

Solos en jazz - Compilación completa

Compilación de acordes para guitarra jazz

Fingerstyle en la guitarra blues

Solos en rock melódico para guitarra

Pop y rock para ukulele: Rasgueo

Obtén el audio

Los archivos de audio de este libro se pueden descargar de forma gratuita en **www.fundamental-changes.com** y el enlace se encuentra en la esquina superior derecha. Sólo tienes que seleccionar el título de este libro en el menú desplegable y seguir las instrucciones para obtener el audio.

Te recomendamos descargar los archivos directamente a tu computador, no a tu tableta, y extraerlos allí antes de añadirlos a tu biblioteca multimedia. Luego, ya puedes ponerlos en tu tableta, iPod o grabarlos en un CD. En la página de descarga hay un archivo de ayuda en PDF y también ofrecemos soporte técnico a través del formulario de contacto.

Kindle/eReaders

Para sacarle el mayor provecho a este libro, recuerda que puedes pulsar dos veces cualquier imagen para verla más grande. Apaga la "visualización en columna" y mantén tu Kindle en modo horizontal.

Todos los ejercicios melódicos y rítmicos de este libro están disponibles de forma gratuita para que puedas imprimirlos y verlos más fácilmente.

Estos ejercicios están disponibles gratis en formato pdf en **www.fundamental-changes.com/sightreadingpdf** para que puedas imprimirlos y acomodarlos sobre tu atril.

**Para ver más de 250 lecciones de guitarra gratuitas con videos visita:
www.fundamental-changes.com**

Twitter: @guitar_joseph
FB: FundamentalChangesInGuitar

Introducción

¿Por qué leer a primera vista?

En un mundo moderno donde tenemos acceso instantáneo a tablaturas para bajo, vídeos de YouTube, software de desaceleración, aplicaciones de lecciones y midi, ¿qué valor hay en aprender a leer música de manera fluida en nuestro instrumento?

Vamos a discutir muchas razones, pero una de las mejores es que *no hay mejor manera de aprender y comprender tu instrumento.*

Como bajistas, estamos constantemente rodeados de tablaturas. No hay absolutamente nada de malo en esto pero, pregúntate, ¿cuántos otros instrumentos tienen este sistema disponible? Prácticamente cualquier otro músico con el que vayas a trabajar en la vida real tendrá que leer música hasta cierto grado. El punto es el siguiente: si te acercas a un violinista y señalas cualquier lugar de su instrumento, él sabrá al instante qué nota estabas señalando.

¡Los violines, las violas, los violonchelos y los contrabajos ni siquiera tienen trastes! Ellos han trabajado duro para memorizar su diapasón y, por tal razón, tienen una comprensión mucho más profunda de cómo funciona su instrumento.

Esto significa que la mayoría de los músicos conocen su instrumento al derecho y al revés. Como bajistas nos referimos a las notas como "el 10mo traste en la 2da cuerda". Si queremos ser tomados en serio debemos realmente ser capaces de simplemente tocar una "C".

A raíz de lo anterior, otra buena razón para conocer nuestro instrumento es la simple *comunicación con otros músicos.* Imagina que estás en un ensayo de la banda y que estás probando una nueva sección. Eres el único bajista y te piden que toques una secuencia de notas para la armonía. El intérprete del teclado dice "OK. Toca F, C, Bb, A y luego G". Si no conoces tu diapasón, entonces te van a tener que enseñar esta frase lentamente nota por nota, a oído. Si estás en un estudio, aquí es donde perderías el concierto.

Eso es sólo un ejemplo. A menudo, la forma más rápida de transmitir una idea musical es escribiéndola, especialmente en el entorno de un estudio. Si no entiendes el idioma todavía estás en el jardín infantil; de nuevo, concierto perdido.

Para continuar, los bajistas son muy culpables de pensar en términos de formas móviles, patrones y cuadrículas; otros instrumentistas no piensan así. Tu podrías estar pensando en una caja de pentatónica menor (pentatonic box), pero el saxofonista estará pensando "Bb, Db, Eb, F y Ab". El hecho de que los bajistas a menudo piensen en formas y en patrones visuales *puede* ser genial, ya que nos hace tocar de una manera bastante singular pero, si alguna vez has tratado de tocar algo escrito para un instrumento diferente, entonces ya sabrás que las notas a menudo encajan en "la cuadrícula".

A menudo me he encontrado con que otros instrumentistas tienen una visión más profunda de la música ya que se ocupan de las notas en un nivel "personal". Siempre saben qué nota que están tocando y nunca ven a una nota simplemente como parte de un patrón visual geométrico.

Aquí hay un punto menos obvio: otros músicos a menudo entienden el ritmo, la notación rítmica y el fraseo de una manera mucho más intrínseca e interiorizada. Mientras que la tablatura de bajistas puede ser fantástica para saber *dónde* tocar una nota, a menudo puede dejar mucho que desear en cuanto a *cuándo* se debe tocar.

A otros músicos se les comienza a enseñar la notación del ritmo y el tono por necesidad en su primera lección. No tienen diagramas prácticos del diapasón ni formas para visualizar, sólo tienen un tono y un ritmo para tocar.

La tablatura es muy útil para comunicar una idea rápidamente, pero es un arma de doble filo. Debido a la excesiva dependencia en la tablatura, los bajistas a menudo se quedan rápidamente atrás de la mayoría de los otros músicos en cuanto al reconocimiento y la ejecución del ritmo y el fraseo.

Una de las razones que te puede interesar es *obtener trabajo*. La mayoría de las sesiones de grabación implicarán al menos algún grado de capacidad de lectura de la música. Si la compañía discográfica está pagando "x" miles de dólares al día por un estudio, es mejor que puedas tocar la música bien y rápidamente. Puede que este no sea un problema tan grande como lo era hace 50 años, pero si deseas conseguir una buena reputación como bajistas, consigue una buena reputación como lector. Hay tan pocos bajistas con una lectura decente que esta una manera fácil para distinguirte del montón.

Por estos días, pocas personas te contratarán sólo porque puedas tocar tresillos de fusas a 140 golpes por minuto, pero sin duda obtendrás el concierto si eres el único chico en la ciudad que puede tocar una pieza escrita a los pocos minutos.

Por último, pero no menos importante: la satisfacción personal. Aprender a leer música es aprender un nuevo idioma. Ser capaz de convertir algunos puntos y líneas negras sobre un pedazo de papel en una hermosa pieza musical es una de las experiencias más gratificantes y especiales que podemos tener como músicos. Leer música es un logro que se siente fantástico y que se quedará contigo durante toda tu vida.

Los músicos reales se comunican con la notación musical. Es un poco intimidante, pero es más fácil de lo que piensas.

¿Qué?! ¿Sin melodía?!

Te darás cuenta rápidamente de que la mayor parte de este libro se compone de líneas cada vez más difíciles de tonos y ritmos. He escrito estas líneas a propósito para evitar melodías y canciones tanto como sea posible. La razón de esto es muy premeditada; si los ejemplos de lectura a primera vista se escriben como canciones las vas a memorizar fácilmente y empezarás a tocar a oído.

Al evitar las melodías en los ejercicios te ves obligado a realmente *leer* cada nota, en lugar de dejar que tus oídos se encarguen. Esto mantiene al cerebro ocupado, centrado e involucrado activamente en el reconocimiento de cada tono individualmente. Si tu cerebro comienza a vincular una nota con una frase memorable que se puede aprender como una secuencia de digitación, se tiende a dejar de leer a primera vista y a comenzar a tocar a oído y de memoria.

Cada página de lectura se centra en una tonalidad y comienza con notas que son adyacentes musicalmente. A medida que desciendas la página, los ejemplos se vuelven más difíciles de leer porque las distancias entre las notas musicales (intervalos) aumentan gradualmente.

La misma idea se aplica a los ejercicios de lectura de ritmo que comienzan en la página 81. Se introduce un nuevo ritmo (normalmente cada cuatro líneas), y se combina gradualmente con cada vez más de los ritmos que ya hayas visto. Puede parecer intimidante en el papel, pero todos los ejercicios de este libro han sido planeados meticulosamente para desafiarte de una manera constructiva y realizable.

La idea es prepararte para cualquier cosa que pueda ocurrir en el 95% de los ejemplos de lectura a primera vista con los que te puedas encontrar en la vida real. Siempre habrá retos de lectura a primera vista por ahí, pero en este libro le he apuntado a estar preparado para la mayoría de lo que el mundo real te puede lanzar en una situación profesional.

Junto con este libro es posible que quieras encontrar ejemplos de piezas musicales reales para mantener tu interés. Los libros de violín son una gran fuente de material musical, incluso puedes utilizar libros de tablaturas para bajo ya que la mayoría de ellos contienen la notación estándar. Simplemente cubre la línea de la tablatura con un trozo de papel doblado.

Capítulo 1: Los tres elementos esenciales para leer música

Aunque pueda parecer complicado en un principio, el proceso de leer música puede ser dividido en sólo tres elementos simples:

1) Reconocimiento del tono
2) Ubicación de las notas en tu instrumento
3) Reconocimiento del ritmo

Una de las razones por las que puede ser un poco más difícil leer música en el bajo es que tenemos hasta cuatro ubicaciones para tocar la misma nota (en un bajo de 24 trastes). El tono G se puede tocar en los cuatro lugares siguientes:

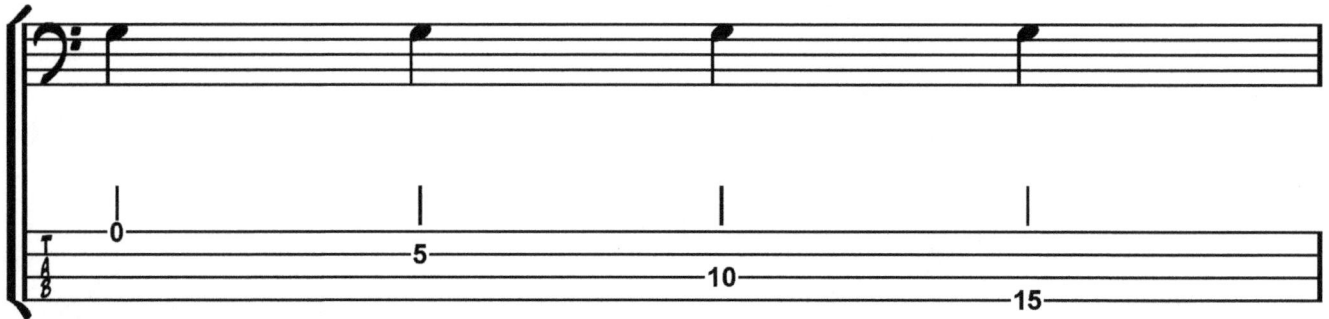

Una razón importante por la cual los bajistas dejan de aprender a leer música es por esta confusión, pero vamos a verlo de una manera lógica.

Las última disposición de la nota probablemente va a estar demasiado arriba en el diapasón para ser útil en una situación "normal", así que vamos a descartarla.

La cuerda al aire tiene un tono muy específico que puede sonar fuera de lugar o "no armonizado" en algo que no sea música clásica o acordes acústicos. Este es un problema menor cuando se tocan riffs de bajo y, obviamente, puede dar un gran efecto.

Las dos disposiciones más probables de la nota G se producen en las cuerdas del medio. También están bastante cerca físicamente la una de la otra y no muy lejos en términos de tono.

De hecho, es cierto que normalmente la "mejor" área en la cual leer en el bajo se encuentra entre los trastes 3ro y 10mo. Esto es, por supuesto, totalmente subjetivo, pero la mayoría de los músicos profesionales parecen estar de acuerdo con que la mayoría de la música con la que te encontrarás, normalmente se ubica cómodamente en esta zona. Una vez más, si algo está basado en un riff, es posible que también quieras realizar del sonido de la cuerda al aire.

Si bien las notaciones rítmicas y de tono escritas son bastante fáciles de aprender, la mayoría de los intérpretes parecen tener dificultades con la aplicación de esta información en su propio instrumento. Mientras que, por ejemplo, las notas en el teclado simplemente ascienden de izquierda a derecha, el bajo no es tan sencillo; para cambiar el tono de una nota podemos movernos un traste hacia arriba o movernos hacia otra cuerda por completo.

Desafortunadamente, este aspecto "tridimensional" de la ubicación de nuestras notas puede hacer que los intérpretes se detengan. Sin embargo, si tenemos en cuenta que la *mayoría* de la música se forma a partir de escalas sencillas que se pueden desplazar con facilidad alrededor del diapasón, empezamos a darnos cuenta de que el diapasón es un poco menos difícil de lo que imaginamos al principio.

El primer paso para aprender a leer música será siempre el reconocimiento del tono de una nota en el papel y su transferencia al instrumento que estamos tocando. Con esta comprensión esencial podemos empezar a abordar de forma lógica la tarea de leer música en el bajo.

Reconocimiento del tono

Cuando leemos una palabra sobre el papel nuestro cerebro está reconociendo un patrón y asignándole un significado. Este es el proceso que comenzaste a aprender cuando eras muy pequeño. Para ser lectores a primera vista fluidos necesitamos, en primer lugar, reconocer los puntos y líneas de notación musical tan fácilmente como estás leyendo estas palabras ahora. Simplemente tenemos que dar significado a los nuevos modelos.

La notación musical funciona dándole una visión casi gráfica al tono contra el tiempo. A medida que lees de izquierda a derecha podrías considerar esto como el tiempo moviéndose hacia adelante a un paso constante (gobernado por el *tempo*). La altura de la nota en el pentagrama (las cinco líneas horizontales) nos dice su tono.

Cada línea y espacio es una nota fija y consistente que *siempre* sonará en el mismo tono. Aquí están las notas de la escala de C mayor con sus nombres en letras escritos debajo.

Esto puede ser bastante para digerir al principio, así que puede ser más fácil separar las notas que están en las líneas de las que están en los espacios:

Las notas en los espacios son A, C, E y G. Lo puedes memorizar como:

All Cows Eat Grass

Las notas que se encuentran en las líneas son G, B, D, F y A, lo cual deletrea:

Grizzly Bears Don't Fly Airplanes

Hay muchas frases que se pueden utilizar para recordar estas notas, así que intenta idear algunas tú mismo.

Vuelve a revisar los nombres escritos anteriormente si tienes dificultades para recordarlos.

Ahora ve a la **página 30** y (*sin tu bajo*) lee a lo largo de la línea superior de la página. Di cada nota *en voz alta* mientras la lees. Esto reforzará el vínculo mental entre la nota y tu reconocimiento.

Esto *va* a tomar algún tiempo y esfuerzo al principio, así que está bien ir muy despacio. Cuando yo estaba aprendiendo a leer música a un nivel alto, frecuentemente me sentía desorientado y con hambre cuando terminaba, ¡tal era el esfuerzo que hacía!

Cuando hayas terminado de leer la línea superior de la **página 30** lee la línea superior de la página 31. Evita releer constantemente las mismas piezas musicales pues eventualmente terminarás memorizando el fragmento, lo cual no es útil.

Si te sientes listo para pasar a la segunda línea de estas páginas hazlo; sin embargo, puedes obtener cuatro veces más beneficio de cualquier línea de este libro al intentar las siguientes ideas:

1) Léela hacia adelante
2) Léela hacia atrás
3) Pon la página de cabeza y léela hacia adelante
4) Pon la página de cabeza y léela hacia atrás

Trata de leer las notas en la primera línea de la página 30 usando los cuatro métodos mencionados anteriormente. Si te sientes seguro, pasa a leer las siguientes líneas. No hay necesidad de ir demasiado lejos en esta etapa.

Cuando estés ganando más confianza, configura un metrónomo a 40 golpes por minuto y di en voz alta las notas dentro del tiempo del clic. Deberías poder leer dos notas por cada clic del metrónomo. Durante el período de unos pocos días aumenta gradualmente la velocidad del metrónomo en incrementos de 5 golpes por minuto (bpm) hasta 60 o más.

Todo esto debería estar pasando sin tu instrumento en tus manos. Sólo estamos tratando de memorizar el significado de cada punto. Imagina que eres un actor en una obra y que estás tratando de memorizar tus palabras sin la distracción de tener que actuar al mismo tiempo.

Ahora vamos a ampliar el *rango* de las notas que estamos leyendo por encima y por debajo del pentagrama:

Ya hemos cubierto todas las notas que se producen en las páginas 30 y 31.

Ahora puedes comenzar a leer todo lo que hay en estas dos páginas. A medida que esto se hace más fácil, recuerda alterar las cosas usando los cuatro puntos de arriba para crear material nuevo.

Configura el metrónomo de nuevo a 40 bpm y trabaja de la misma manera para aumentar gradualmente tu reconocimiento de las notas.

Sostenidos y bemoles

La mayoría, pero no todas las notas en el pentagrama tienen un tono adicional contenido entre ellas. Por ejemplo, la nota C# (C sostenido) se encuentra entre C y D. Se hace referencia a la nota C# como una nota *cromática*.

Como puedes ver, la nota C está escrita en el pentagrama con un signo # (sostenido) antepuesto. Hace poco me preguntaron en una lección, "¿Qué significa numeral C?". Lo cual no me puso contento.

Para nuestros fines, *la nota C# es igual a la nota Db (D bemol)*.

La notas C# y Db se conocen como *enarmónicos*, lo cual es una forma compleja de decir que dos notas pueden tener el mismo nombre.

En la música, las notas que son enarmónicos son:

C# y Db
D# y Eb
F# y Gb
G# y Ab
A# y Bb

Se ven así en el pentagrama:

Cada par de notas suena idéntico.

Los sostenidos y los bemoles se producen regularmente en la música y se utilizan para alterar algunas de las notas de una melodía, *o* para designar la *tonalidad* en la que estamos tocando.

Mira la página 54; puedes ver que los sostenidos ocurren con frecuencia durante todo el ejemplo. Cuando nos encontramos con sostenidos o bemoles simplemente tocamos la nota alterada en lugar de la original.

Lee el siguiente ejemplo:

En lugar de decir "F (fa)" en el segundo compás, di "F (fa) sostenido". Esta es la nota que tocarías en tu instrumento.

Aquí hay un ejemplo con un bemol (b):

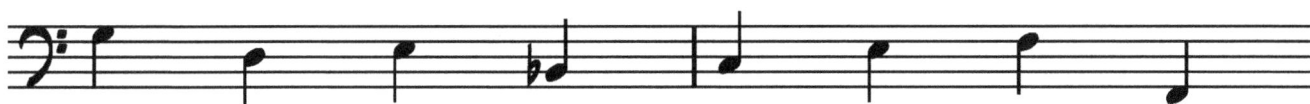

In the first bar you would say and play the note Bb instead of the note B.

These two examples show how we treat sharps and flats when they crop up in the score occasionally. However, another way sharps and flats are used is to define the musical key of the music.

This isn't a theory book so this explanation will be brief, but by using certain, simple combinations of sharps or flats at the beginning of the piece of music, we can indicate what key the music is in.

Por ejemplo, escribiendo un F# al principio de la pieza musical definimos que la tonalidad es G mayor[1]. Para obtener más información sobre cómo los sostenidos y los bemoles definen las armaduras de clave echa un vistazo a la *Guía práctica de la teoría musical moderna*.

Esta *armadura de clave* se ve así:

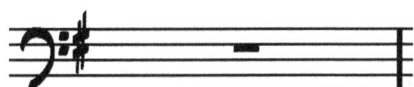

Lo que esto significa para nosotros como lectores a primera vista es que *cada* vez que vemos una F en la música, tocamos una F# en su lugar. Esta F# no sólo se toca en la línea específica en la que está escrita, sino que afecta a *todas* las F en la pieza musical a menos que especifique lo contrario.

Las notas del siguiente ejemplo son:

En el siguiente ejemplo, todas las notas B se tocarán como Bbs debido a la Bb en la armadura de clave:

---

[1] O E mayor, pero esto no es importante por ahora.

F E D A B♭ D C B♭ D E G B♭ A G F F

Esta es la armadura de clave de la tonalidad de F mayor.

Siempre depende de nosotros como lectores tomar nota de los sostenidos o los bemoles en la armadura de clave y recordar aplicarlos a cada nota que afectan.

Lee las páginas 32 y 33 recordando alterar las notas según las instrucciones de la armadura de clave.

Recuerda que puedes leer al revés e invertir la página para crear más material para que trabajes. Cuanto más hagas en esta etapa, más fácil te resultará aplicar estas notas en tu instrumento.

Trabaja con un metrónomo como se describió anteriormente para ayudar a desarrollar una reacción instantánea al ver cada punto. No te preocupes por cualquier equivocación ocasional, sólo trata de mantenerte dentro del tiempo y de regularmente aumentar la velocidad del metrónomo ligeramente.

Cuando estás apenas empezando, te aconsejaría no practicar la lectura a primera vista por más de 20 minutos, y hacerlo en la mañana antes que el resto de tu rutina de práctica. Este tipo de trabajo puede ser muy agotador, por eso es importante abordarlo cuando estés renovado. Cuando hayas terminado tus 20 minutos toma un descanso de 10 a 15 minutos antes de tomar tu bajo. Todavía no hemos aplicado las notas del pentagrama a al bajo; sin embargo, en los últimos capítulos estas mismas pautas se siguen aplicando.

Cuando *estés* trabajando en la localización de tonos en el bajo, una de las ventajas de practicar de esta manera es que tus 20 minutos de práctica de lectura a primera vista sirven como un calentamiento útil y muy bueno antes de lanzarte a tu rutina de práctica normal.

Líneas adicionales

Cuando el tono de una nota es muy alto o muy bajo se saldrá del pentagrama y "flotará" por encima o por debajo de las cinco líneas principales. Ya hemos visto esto con las notas E y F graves y las notas D, E, F y G agudas.

Para ayudarnos a reconocer fácilmente los tonos cuando están escritos fuera del pentagrama principal utilizamos un sistema de líneas pequeñas como referencia visual. Estas líneas se llaman líneas *adicionales*. Las líneas adicionales *amplían* el rango del pentagrama musical.

Usando estas líneas adicionales ahora podemos cubrir todas las notas del bajo, desde la cuarta cuerda al aire, (E) hasta el traste 12 en la primera cuerda, (G).

Las notas más bajas en el siguiente ejemplo no aplicarán en tu caso si tocas un bajo de cuatro cuerdas; sin embargo, si tocas uno de cinco cuerdas es esencial aprenderlos.

Aquí están las notas nuevas que tienes que memorizar:

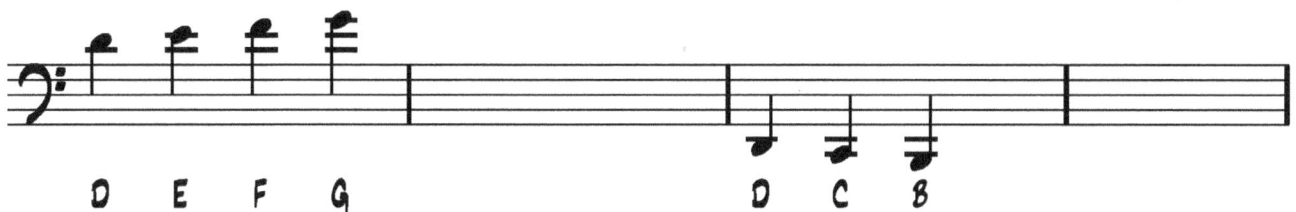

Estas notas fueron las que me tomaron más tiempo para memorizar hasta el punto de reconocerlas instantáneamente.

Leer notas en líneas adicionales desafortunadamente *es* un poco más difícil que leerlas en el pentagrama principal, pero es igualmente importante cuando se trata de leer música. Si puedes idear una forma personal para memorizar estas notas vas a progresar mucho más rápido en tus habilidades de lectura de música.

El bajo, y sobre todo el bajo eléctrico, tiene un rango muy grande en comparación con muchos otros instrumentos y, la lectura de las líneas adicionales es sólo uno de los pasos que debemos conquistar en nuestro camino hacia la maestría. Si te sirve de consuelo, el 80% de la lectura que te encontrarás como bajista se encuentra entre el E bajo y el D alto.

Trata de leer los siguientes ejemplos. Recuerda que también puedes leerlos hacia atrás o invertir la página para crear material nuevo.

Si tienes un bajo de cinco cuerdas trata de leer la siguiente línea:

Concéntrate ahora en la página 30 y comenzando en la línea cinco (para evitar practicar las cosas que ya puedes hacer), lee cada uno de los ejemplos. Recuerda decir el nombre de cada nota en voz alta a medida que lees. Esto es lo más importante que puedes hacer para reforzar el vínculo entre el tono escrito y tu reconocimiento instantáneo.

Durante el próximo par de días usa tus 20 minutos de práctica de lectura a primera vista para leer en voz alta ejercicios sucesivos comenzando desde la página 30. Recuerda incluir los sostenidos y los bemoles indicados por las armaduras de clave. Mide tu tiempo y trabaja a una velocidad en la que puedas leer consistentemente con pocos errores. Una vez más, comienza con el metrónomo configurado a 40 golpes por minuto y lee dos notas por clic.

No comiences a partir de la página 30 todos los días. Trata de continuar donde terminaste el día anterior o elije una página al azar para leer. Poco a poco aumenta la velocidad del metrónomo y vas a cubrir cada vez más terreno cada día.

Sugiero que tengas paciencia aquí: estoy seguro de que estás ansioso por empezar a aplicar esta información a tu bajo (lo cual cubriremos en la siguiente sección), pero te prometo que el tiempo invertido aquí hará que la tarea de aplicar estas habilidades al bajo sea mucho más fácil.

Capítulo 2: Tocar las notas escritas en el bajo

Una vez hayamos comenzado a desarrollar un rápido reconocimiento de tonos musicales escritos, el siguiente paso es aplicar este conocimiento en el bajo.

Como mencioné en el capítulo 1, a menudo hay más de una manera de tocar un sólo tono en el bajo. Esto puede ser algo desalentador y nos deja con una sensación molesta de "¡¿estoy haciéndolo bien?!". La verdad es que hay un par de posiciones *superpuestas* útiles en el bajo donde se considera eficiente leer música, pero centrarse en sólo una de ellas a la vez es la forma más rápida y más beneficiosa para obtener resultados tangibles.

Vamos a empezar por examinar dónde están las notas de la escala de C mayor en el bajo. Puede que esta no sea tu forma "favorita" para tocar esta escala; sin embargo, es extremadamente funcional y cubre un rango amplio:

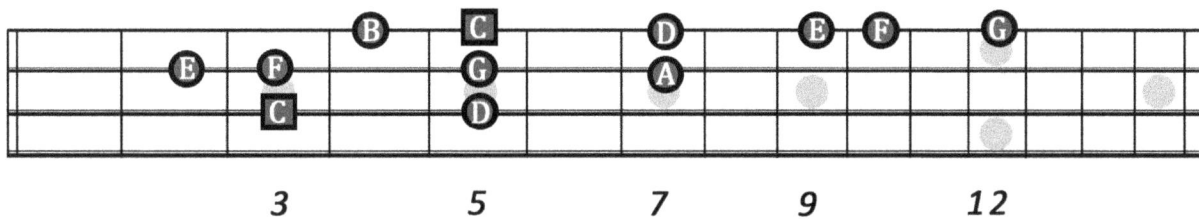

En primer lugar, familiarízate con esta forma de escala tocándola de bajo a alto.

Di cada tono en voz alta a medida que tocas la escala.

Dividiendo la escala en una octava baja y una alta, ahora podemos empezar a localizar las notas en el diapasón mientras las leemos. Prueba este ejemplo que utiliza las notas de la octava más baja:

Recuerda decir cada nota en voz alta mientras la tocas. Reforzar estos vínculos es extremadamente importante.

Ahora prueba este ejemplo leyendo en la región más alta de la escala de C mayor:

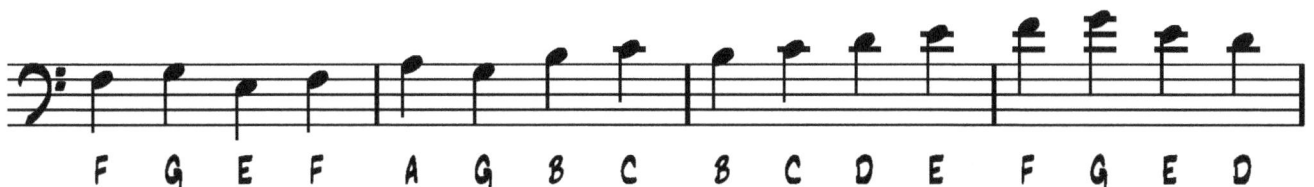

Aquí está un ejemplo de una melodía que se mueve entre la octava baja y la alta de la escala de C mayor:

D C D E B G D A B C A F E B F E

Por supuesto, esta no es la única manera de organizar las notas en el diapasón. Trata de leer los tres ejercicios anteriores usando esta forma de la escala de C mayor en su lugar:

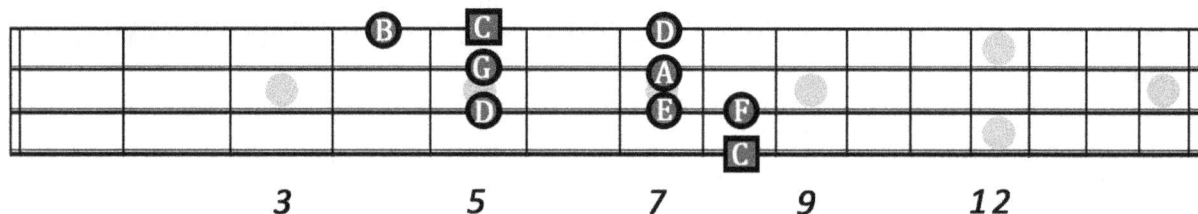

Esta forma tiene la ventaja de evitar el cambio de posición; sin embargo, nos aleja aún más de las notas graves en la cuerda E grave si necesitamos tocarlas.

A continuación, toca los ejemplos en C mayor de las páginas 30-31.

Este es un diagrama de las ubicaciones de las notas más graves:

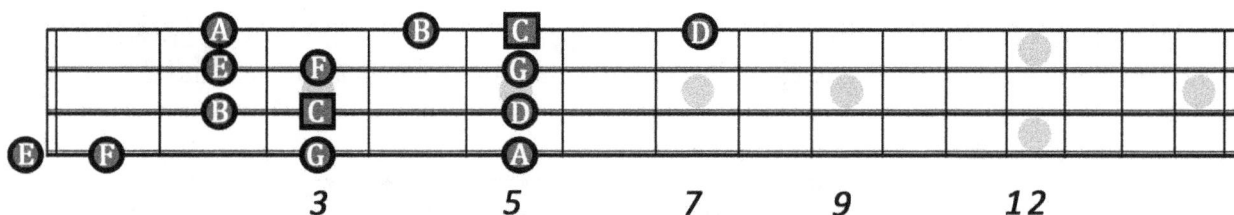

Por último, trata de usar esta versión de la escala de C mayor para tocar los ejemplos anteriores y las páginas 30-31.

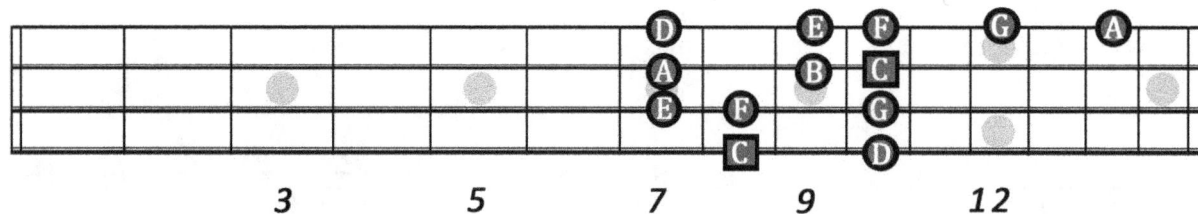

Esta es una forma de escala común y es posible que ya la conozcas. Sin embargo, recuerda que debes decir los nombres de las notas en voz alta mientras las tocas.

Aprendiendo el diapasón

Al dividir el diapasón en diferentes formas y áreas, como lo hiciste en la sección anterior, gradualmente comenzarás a encontrar las fortalezas y debilidades de cada enfoque. Recuerda que la melodía de la *mayoría* de la música se deriva de la escala mayor o alguno de sus modos. Al conocer estas formas podemos aplicarlas a cualquier tonalidad para darnos una gran ventaja cuando nos encontremos con música nueva. Hablaremos de cómo encargarnos de tonalidades nuevas más adelante.

Por ahora, veamos algunos patrones muy útiles que pueden ayudarnos a determinar rápidamente el nombre y la ubicación de *cualquier* nota en el diapasón.

Los patrones de *octava* son formas consistentes que nos dirán con seguridad cómo localizar las notas del mismo nombre en el bajo. Lo primero que debemos aprender es la ubicación de las notas en las cuerdas de E y de A:

Notas en la cuerda de E:

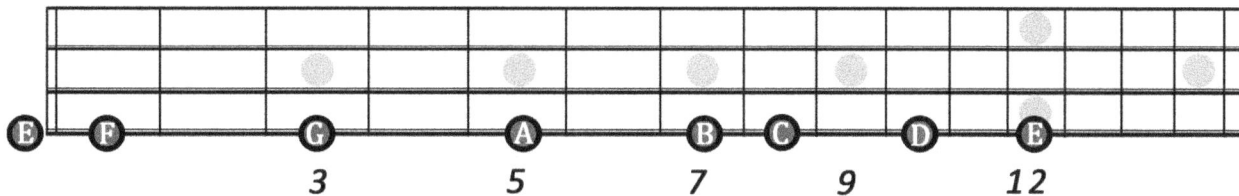

Notas en la cuerda de A:

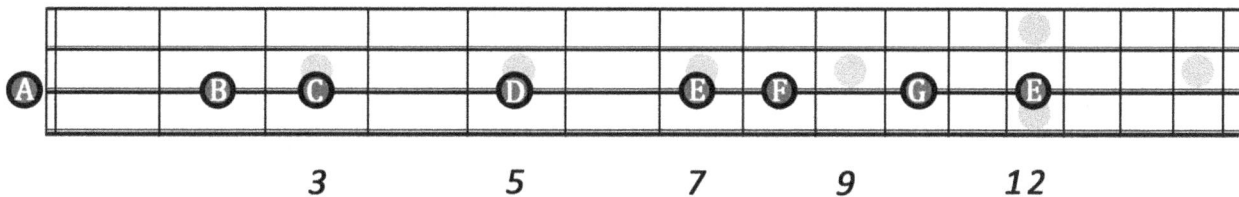

Si ya utilizas acordes con cejilla en tu interpretación es muy posible que ya estés familiarizado con las ubicaciones de estas notas.

Recuerda que cada nota se puede ajustar para convertirse en un sostenido (#) o un bemol (b) desplazándola hacia arriba o hacia abajo por un semitono. Eb y D# están ubicados en la cuerda de A, en el 6to traste o en la cuerda de E, 11vo traste.

Ahora podemos utilizar formas simples para encontrar *las mismas notas en la octava superior*.

Una octava se puede tocar así entre las cuerdas de E y de D, y entre las cuerdas de A y de G:

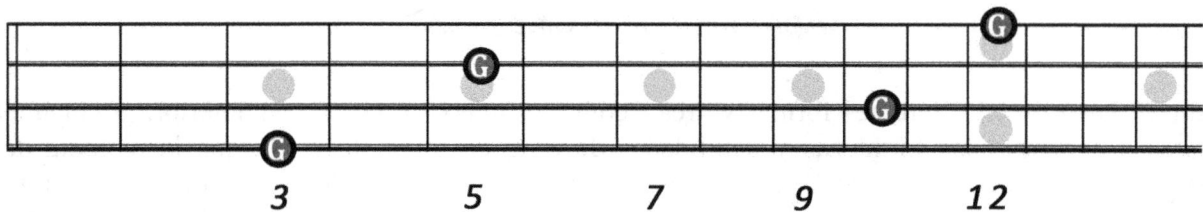

Nota que para tocar la misma nota una octava más alta siempre te mueves *a través* de dos cuerdas y dos trastes hacia *arriba*.

Con esta información puedes averiguar rápidamente todas las notas en las otras cuerdas.

También puedes tocar una octava saltando *dos* cuerdas. Aquí está el patrón de octava entre las cuerdas de E y de G:

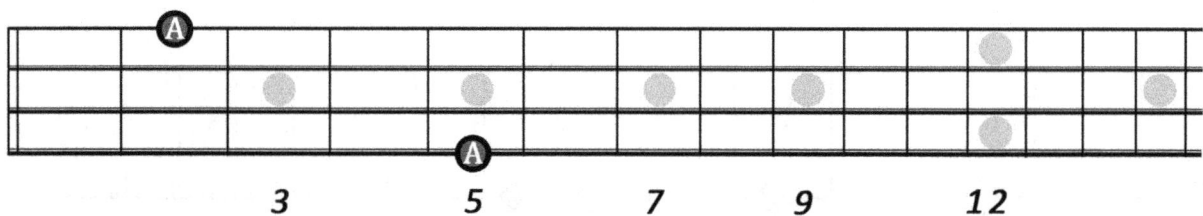

Si conoces el nombre de la nota en la cuerda de E puedes localizar la misma nota una octava más alta en la cuerda de G moviéndote *a través* de tres cuerdas y tres trastes *abajo*.

Hay formas de octava a 7 trastes de distancia en cuerdas adyacentes:

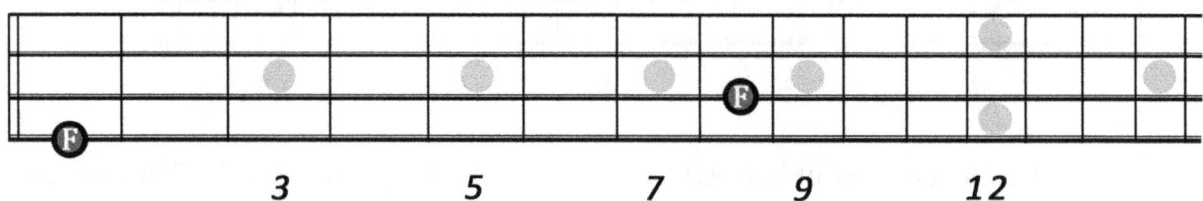

Y, por supuesto, siempre puedes tocar la misma nota una octava más alta moviéndote hacia arriba por 12 trastes en la misma cuerda:

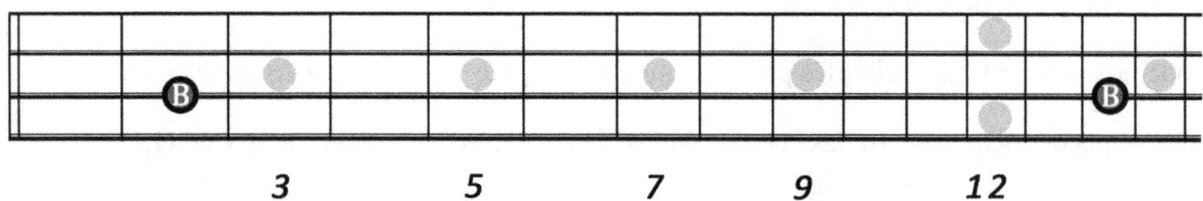

Una parte esencial del aprendizaje del diapasón es desarrollar una recordación *instantánea* de estos patrones. Con la práctica, el diapasón parece hacerse más pequeño y se necesita cada vez menos tiempo para tocar una frase musical.

Un juego divertido es decir una nota en voz alta y luego tratar de encontrar *todas* las ubicaciones de la nota en el diapasón lo más rápido posible. No olvides probar esto también con notas sostenidas y bemoles.

Vamos a examinar más a fondo la lectura en otras tonalidades en la siguiente sección, pero por ahora intenta lo siguiente:

Toca lentamente a través de las páginas 32-33. Estas dos páginas están escritas en la tonalidad de G mayor, por lo que cada vez que veas la nota F debes recordar elevarla a F# como se indica por la armadura de clave.

Utiliza el diagrama de escala mayor de la página 17 como una estructura básica para la ubicación de las notas; sin embargo, cada nota F debe ser interpretada como una F# elevándola un semitono.

Ahora trata de leer los ejercicios en la tonalidad de F mayor de las páginas 44-45. Esta vez la armadura de clave te dice que toques todas las notas B como Bb.

Una vez más, utiliza la forma de escala de C mayor de la página 17 como guía para la ubicación de las notas en el diapasón, pero cada vez que veas la nota B, bájala en un semitono para que se convierta en Bb.

Lectura en otras tonalidades mayores

La lectura a primera vista en otras tonalidades nos obliga a incorporar y memorizar nuevas ubicaciones de notas en el diapasón. Al aumentar gradualmente la complejidad de la tonalidad (en términos del número de sostenidos y bemoles) exploramos más y más del diapasón. Esto a su vez nos hace lectores más competentes y experimentados, y con menos dificultades cuando nos encontramos con melodías inesperadas.

Hay dos enfoques para aprender a leer en tonalidades nuevas. Ya comenzamos a explorar uno de ellos al final de la sección anterior.

Método No. 1:

Una manera para leer en las tonalidades más complejas es utilizar la escala de C mayor como "columna vertebral" y ajustar las notas individuales para tener en cuenta los sostenidos y bemoles de la armadura de clave. Esto tiene una gran ventaja ya que constantemente estás obligado a pensar acerca de la ubicación de las notas que se alteran en el diapasón.

Por ejemplo, el hecho de cambiar cada B por un Bb rápidamente te enseñará la ubicación de los Bb en el diapasón. Leer así es un proceso muy consciente. Es agotador al principio, pero genera grandes dividendos en el largo plazo. Si estás tocando en una tonalidad con cuatro sostenidos o bemoles, descubrirás que estarás ajustando tu pensamiento constantemente para incorporar estas notas.

Recuerda sin embargo, que este libro trata sobre el *proceso* de aprender a leer música. Siguiendo este proceso ahora aprenderás el diapasón del bajo *muy* rápido. Después de unas semanas o meses ya no estarás pensando en ajustar la escala de C mayor, sino que verás una F# escrita y simplemente tocarás una F#.

Obviamente, este es un objetivo de mediano a largo plazo, pero el comenzar aquí es un gran paso en el camino hacia la fluidez.

Método No. 2:

La segunda manera para leer en tonalidades más complejas es utilizar una forma de escala mayor fija, como la de la página 17 y simplemente trasladarla arriba y abajo por el diapasón a diferentes tonalidades al igual que harías si estuvieras tocando acordes con cejilla.

Por ejemplo, ya conocemos este patrón de escala de la escala de C mayor:

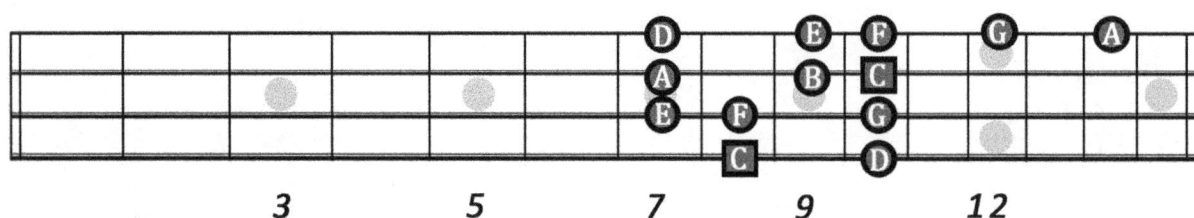

Si quisiéramos acceder rápidamente a las notas en la tonalidad de Bb mayor (por ejemplo), podríamos mover este patrón hacia abajo para que la fundamental quedara en la Bb de la cuerda de E:

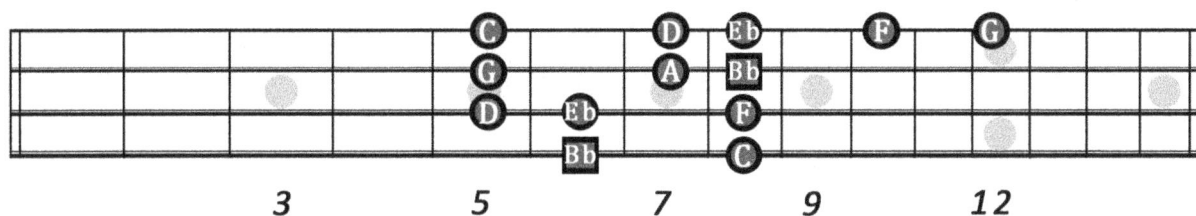

Como puedes ver, utilizamos exactamente la misma forma de escala mayor en la nueva posición y automáticamente se van a incorporar los sostenidos y los bemoles de la nueva tonalidad y sin un gran esfuerzo por parte de nosotros como lectores.

Esto es muy útil saberlo, pero hay algunas desventajas. En primer lugar, esta forma no cubre necesariamente las notas más bajas y más altas en la posición. Esto no es necesariamente un problema, pero podríamos llegar a tener que ampliar la forma de escala hacia abajo y hacia arriba en las cuerdas inferior y superior respectivamente.

Otro problema es que debido a que todas las notas "nos son dadas" automáticamente, es probable que terminemos pensando *menos* acerca de los tonos individuales que estamos tocando.

En esta primera etapa en el desarrollo de lectura a primera vista, es muy beneficioso trabajar duro para encontrar las notas en el diapasón y pensar activamente acerca de la ubicación de cada una de las notas.

En la vida real, la verdad está siempre en algún punto intermedio. Después de haber trabajado con el método 1 por un tiempo, habrás absorbido la ubicación de las notas sobre el diapasón de forma natural. Como ya he mencionado, si ves una F# escrita simplemente te moverás a la F# más cercana que encuentres. Vas a superar la necesidad de estar constantemente ajustando la escala de C mayor, y la búsqueda de tonos será muy fácil, si no es que la interiorizas inconscientemente.

También es muy útil conocer las formas de escala, pues a menudo en la música hay melodías secuenciales que son mucho más fáciles de ejecutar cuando sólo pensamos en patrones.

La única solución es practicar ambos métodos y dejar que se combinen de forma natural en tu mente.

La práctica constructiva y la paciencia son siempre la clave del éxito. Estás aprendiendo un nuevo idioma; esto siempre toma tiempo.

Las mejores maneras para practicar se detallan en la página 28.

Lectura en tonalidades menores y en alteraciones

Afortunadamente, no toda la música está escrita en tonalidades mayores; aproximadamente la mitad de la música que verás y escucharás estará escrita en una tonalidad menor. Hay muchos tipos de escalas menores y todas están relacionadas fuertemente con las escalas mayores.

Una vez más, esto no es un libro de teoría, pero en este caso es apropiada una breve explicación de la relación entre las escalas mayores y menores.

Por cada escala mayor, hay una escala *menor relativa* que comparte la misma armadura de clave.

La escala menor relativa siempre se construye a partir de la sexta nota (o "grado") de la escala mayor. Por ejemplo, la relativa menor de C mayor es A menor.

Cuenta 6 notas desde C y termina en A:

1 2 3 4 5 **6**
C D E F G **A**

Para formar la escala de A menor *natural* simplemente comenzamos la secuencia de notas en C mayor de nuevo, sólo que empezamos en la nota A:

A B C D E F G A = A natural minor.

La menor relativa de la tonalidad de G mayor es E menor:

1 2 3 4 5 **6**
G A B C D **E**

E F# G A B C D

La menor relativa de la tonalidad de Eb mayor es C menor:

1 2 3 4 5 **6**
Eb F G Ab Bb **C**

C D Eb F G Ab Bb C

Estos tres ejemplos muestran la forma natural de cada menor relativa. También se conoce esta escala como el modo *eólico*.

Sin embargo, este no es el final de la historia.

La escala menor natural a menudo se altera aún más con el fin de formar las escalas menores *armónica* o *melódica*.

La escala menor armónica

Para formar la escala menor *armónica, elevamos la séptima nota de la escala menor natural por un semitono.*

Por ejemplo, vimos que la escala de A menor *natural* era

A B C D E F G A.

Para convertirla en la escala de A menor *armónica* elevamos la 7ma nota, G, por un semitono.

A B C D E F G# A

La escala de E menor *natural* era

E F# G A B C D E

que se convierte en E menor *armónica* cuando elevamos el 7mo grado:

E F# G A B C D# E

C menor natural es

C D Eb F G Ab Bb C

C menor armónica es

C D Eb F G Ab B C

La escala menor melódica

La otra escala menor común es la escala menor *melódica*. Hay dos formas de esta escala, una ascendente y otra descendente. La mayoría de los músicos modernos utilizan la versión ascendente de esta escala, así que ese será nuestro enfoque aquí.

Para formar una escala menor melódica, debemos *elevar* la 6ta y 7ma notas de la escala *menor natural* por un semitono.

Por ejemplo,

La escala de A menor natural (A B C D E F G A), cuando se convierte en una escala menor melódica queda así:

A B C D E F# G#

E menor natural (E F# G A B C D E), convertida a E menor melódica queda así:

E F# G A B C# D# E

C menor natural (C D Eb F G Ab Bb C) se convierte en

C D Eb F G A B C

Otros sostenidos y bemoles introducidos en la melodía se muestran mediante *alteraciones*.

Una *alteración* es cualquier nota que es alterada por un sostenido, un bemol o un *natural* en una melodía. Estas alteraciones se muestran a la izquierda de un tono escrito.

Por ejemplo, aquí está escrita la escala de E menor natural (observa que comparte la armadura de clave de G mayor).

Compara la escala de E menor natural con la escala de E *menor melódica* que se muestra aquí:

Como puedes ver, la 6ta y 7ma notas fueron elevadas para convertirse en C# y D# usando alteraciones.

Aquí hay otro ejemplo, esta vez utilizando *naturales*.

Estudia la escala notada de C menor natural (observa que comparte la armadura de clave de Eb mayor).

Las notas 6ta y 7ma de la escala menor natural son Ab y Bb, como se muestra en la armadura de clave. Cuando las elevamos en la escala menor melódica, utilizamos un signo natural para restaurar las notas *elevándolas* de nuevo a las originales de A y B.

Cuando estés leyendo nueva música a primera vista, muy a menudo verás que se producen alteraciones cuando la canción contiene notas de una escala menor o cuando la música cambia de tonalidad.

Los siguientes diagramas de escala muestran algunas formas útiles para tocar la escala menor melódica en el bajo en la tonalidad de A. Estas formas se pueden desplazar a otras tonalidades.

A menor melódica 1:

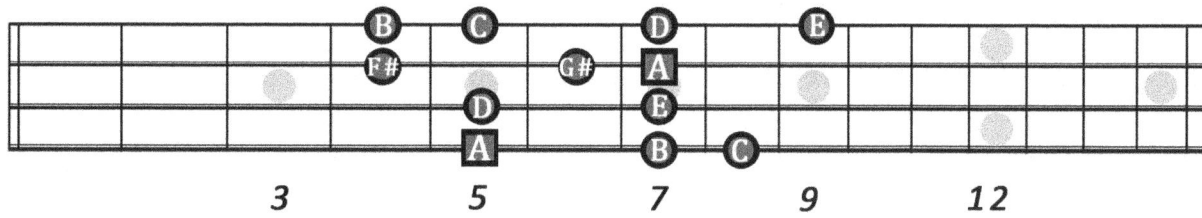

A menor melódica 2:

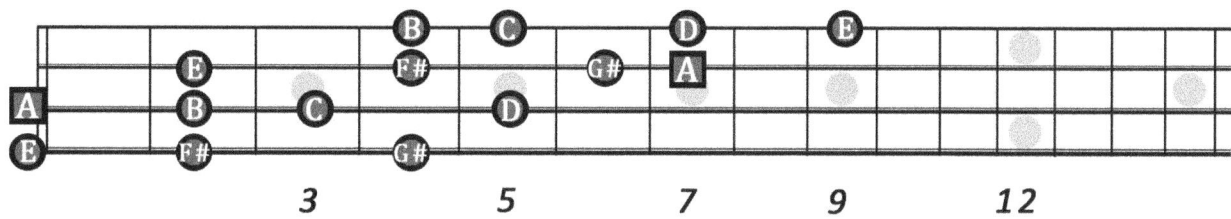

Los ejercicios que utilizan la escala menor melódica comienzan en la página 54.

Cómo practicar los ejercicios

Como mencioné en la introducción, los ejercicios de las siguientes páginas están diseñados para evitar las melodías fáciles de recordar y aumentar gradualmente la dificultad en cada línea.

La mejor manera que he encontrado para practicar la lectura a primera vista es en ráfagas bastante cortas durante el día cada vez que me siento fresco y relajado. Normalmente, en mi caso es en la mañana y al final de la tarde.

Yo le apuntaría a practicar durante unos 23 minutos cada vez; esto es, dos períodos de lectura de 10 minutos con un descanso de 3 minutos donde me levanto y camino un poco. La lectura a primera vista es muy desgastante al principio y es esencial hacer muchas pausas para mantener tu cerebro alerta. Si puedes organizar dos sesiones de práctica de 23 minutos cada día estarás por muy buen camino.

Si nunca has hecho lectura a primera vista antes, comienza con una de las páginas de C mayor y, muy lentamente, trata de tocar los tonos de la primera línea. Por ahora no uses un metrónomo. Incluso si gastas 10 minutos para tocar sólo una o dos líneas, está muy bien. Recuerda tomar tus descansos y no hagas más de 10 minutos de lectura cada vez, de lo contrario te puedes cansar antes de practicar las otras cosas en las que estás trabajando.

Al cabo de unos días, descubrirás que estarás llegando cada vez más abajo en la página en tu sesión de 10 minutos.

Tan pronto como te sientas capaz (y no tienes que poder completar una página completa antes de hacer esto), configura un metrónomo a 50 bpm. Trata de leer la página de nuevo, incluso si tienes que leerla a la "mitad del tiempo" de manera que cada nota se mantenga por el doble de su valor escrito. Si cometes un error no te detengas y permanece dentro del tiempo.

Tener el metrónomo encendido te "obliga" a reconocer las notas más rápido de lo que lo harías si estuvieras tocando libremente. Esto ayuda al cerebro a desarrollar el reconocimiento instantáneo del lenguaje que requerimos.

Cuando sientas que lo estás haciendo de forma competente, trata de leer la segunda página de la notación de C mayor, pero esta vez comienza con el metrónomo haciendo clic a 50bpm.

Además, comienza a explorar armaduras de clave que contengan sólo un sostenido o un bemol (G mayor y F mayor). Incorpóralas a tu rutina de práctica diaria también. Empezarás a descubrir que podrás leer dos o tres páginas en 10 minutos. Cuando esto ocurra, aumenta gradualmente la velocidad del metrónomo. Al principio, apúntale a llegar a 60, luego a 70 y sigue subiendo hasta 100 bpm.

No obstante, siempre recuerda *ignorar los errores*. ¡Los corregirás la próxima vez! Puede ser útil imaginar que estás tocando en el escenario y que la banda no se detendrá si tocas una nota equivocada. ¡Sólo tienes que permanecer dentro del tiempo y hacer tu mejor esfuerzo!

Cada cierto tiempo, agrega una nueva página de notación que comience con las tonalidades que contengan dos sostenidos o bemoles (D mayor y Bb mayor), y luego tres y luego cuatro. Esperemos que no estés en una situación en vivo en la que tengas que leer una página con más de cuatro sostenidos y bemoles en la armadura de clave; una lectura tan fluida hasta las tonalidades de E mayor y Ab mayor es un objetivo muy loable.

Recuerda aumentar gradualmente la velocidad del metrónomo; frecuentemente les digo a mis estudiantes que lo hagan antes de que estén listos. Tu cerebro es una cosa increíble y puede manejar información compleja mucho más rápidamente de lo que se cree. Incluso si sientes que lo haces "mal", trata de subir la velocidad por unos pocos golpes por minuto. Siempre puedes reducir la velocidad de nuevo si es demasiado.

Recuerda que también puedes crear nuevo material melódico a partir de cada línea de las siguientes maneras:

1) Léela hacia adelante
2) Léela hacia atrás
3) Pon la página de cabeza y léela hacia adelante
4) Pon la página de cabeza y léela hacia atrás

Cuando hayas pasado un par de semanas tocando los ejemplos de las tonalidades mayores, trata de tocar algunos de los ejemplos más simples de las tonalidades menores. Esto hará que te acostumbres a tocar alteraciones en la música escrita. Avanza por los ejemplos de las tonalidades menores de la misma manera que lo hiciste para los ejemplos de las tonalidades mayores.

Si tienes dudas acerca de cómo deberían sonar estos ejercicios, todos están incluidos en las pistas de audio adjuntas que están disponibles para descarga gratuita en **www.fundamental-changes.com/audio-downloads**

Aunque la sección de lectura del ritmo está separada de la sección de reconocimiento de tono en este libro, se podrían y se deberían trabajar en conjunto. Avanza al capítulo 3 de este libro y mira ahora mismo la sección sobre la lectura del ritmo. Saca un tiempo para incorporar los ejercicios de lectura del ritmo a tu rutina de práctica también.

Ejercicios de lectura melódica

Uno de los mayores retos para los nuevos lectores a primera vista es la incertidumbre de saber si están tocando las notas correctamente. Por esta razón, incluí los siguientes ejemplos como pistas de audio para tener una referencia.

Por cada dos páginas hay una pista de audio, por ejemplo, las páginas 30 y 31 en C mayor se incluyen en la pista de audio #1. Hay un espacio de un compás entre cada ejercicio.

Para ayudarte a mantener tu lugar, hay pequeños rellenos de batería al final de cada sección de cuatro compases.

Cada ejercicio se toca a 60bpm y puede sonar bastante rápido al principio, esto es para darte un objetivo al cual apuntar, pero por favor baja la velocidad de tu metrónomo a 40 (o incluso apágalo por completo durante unas pocas semanas si eres completamente nuevo en la lectura a primera vista). No obstante, cuanto más rápido incluyas el metrónomo, más rápido comenzarás a mejorar.

Estos ejercicios están disponibles gratuitamente en formato pdf en **www.fundamental-changes.com/sightreadingpdf** para que puedas imprimirlos y los ubiques sobre tu atril.

C Major

C Major

D Major

A Major

B Major

F♯ Major

F Major

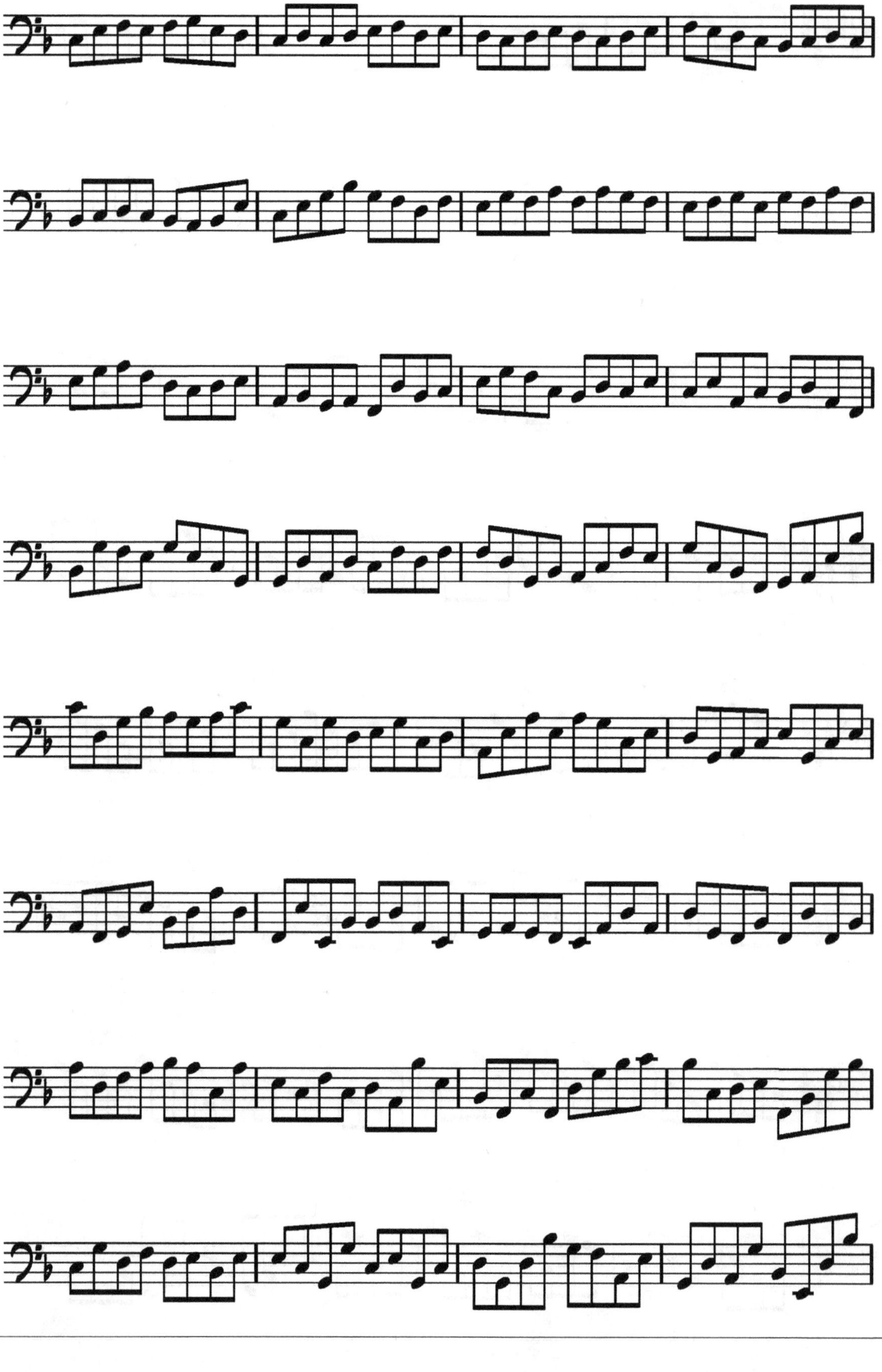

F Major

Eb Major

Ab Major

Db MAJOR

A MINOR

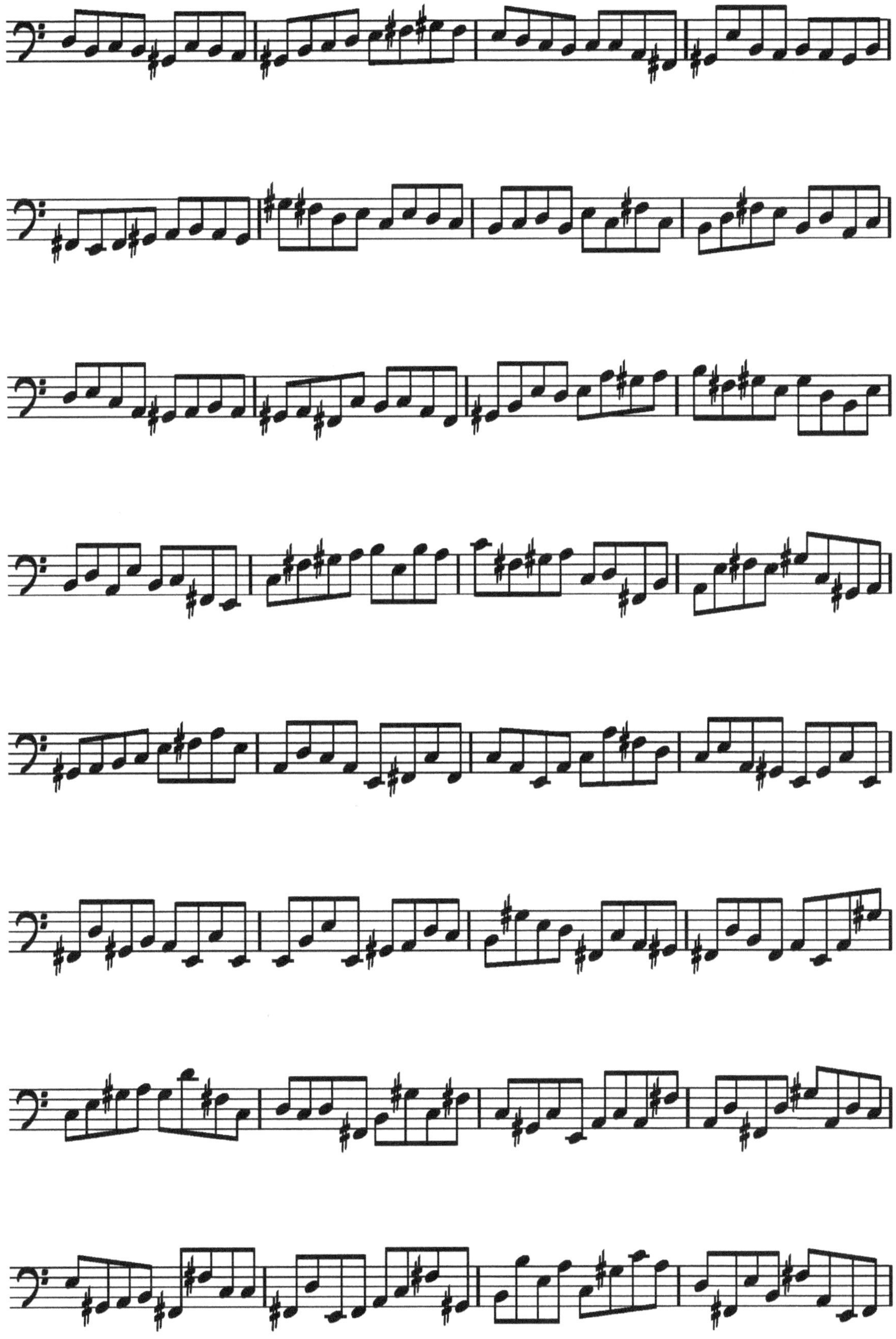

E Minor

B Minor

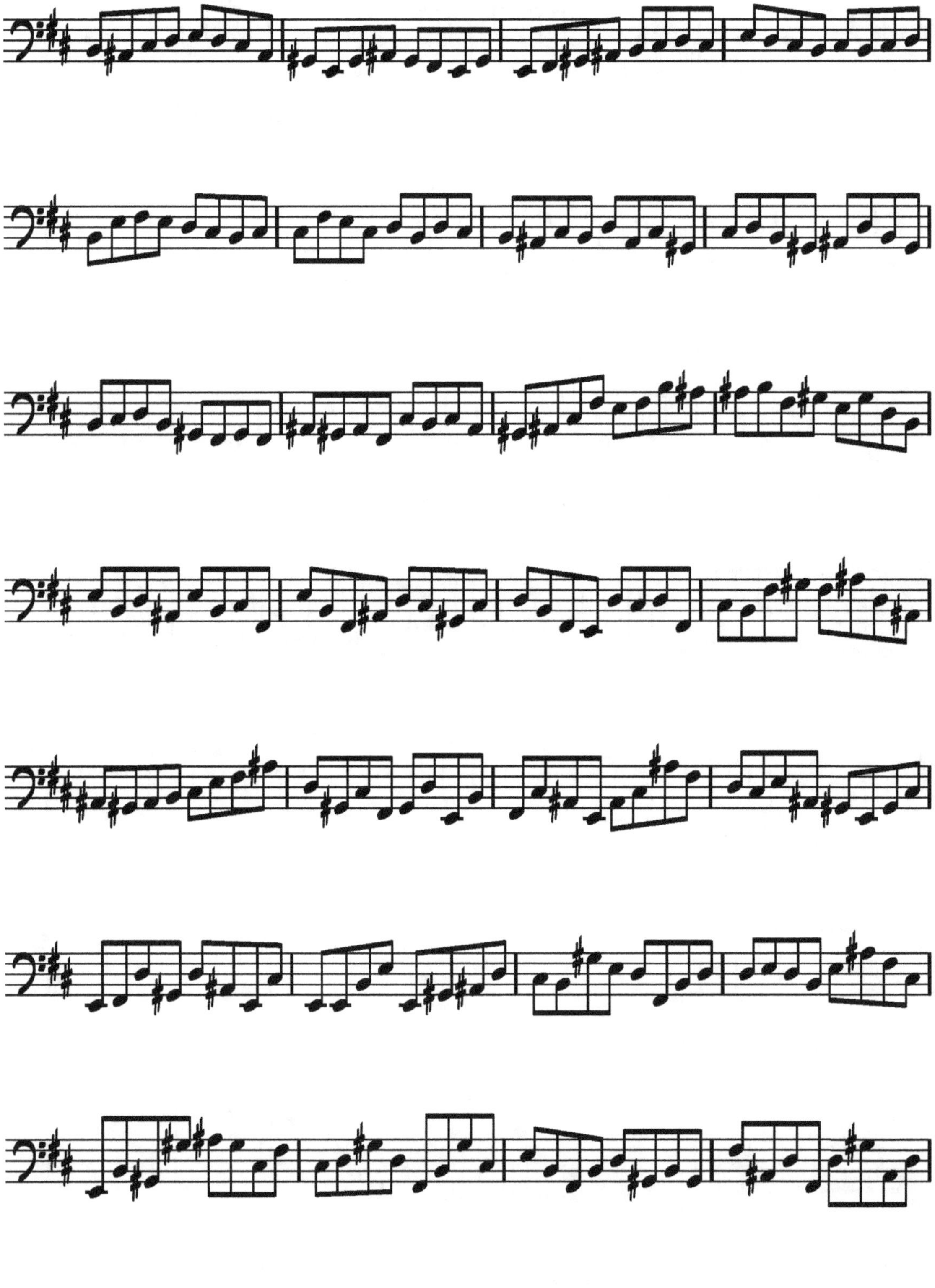

F# Minor

F# MINOR

C# Minor

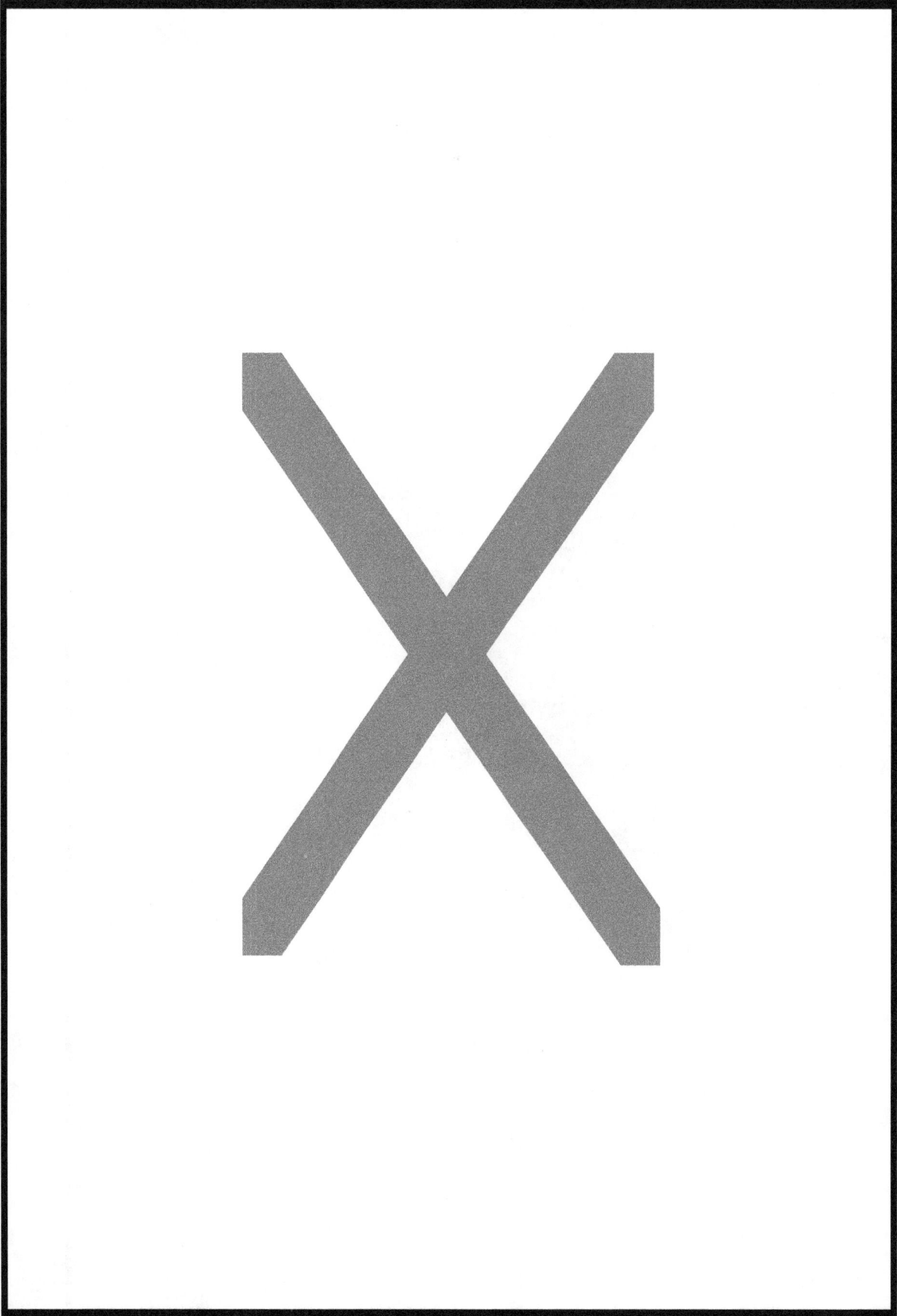

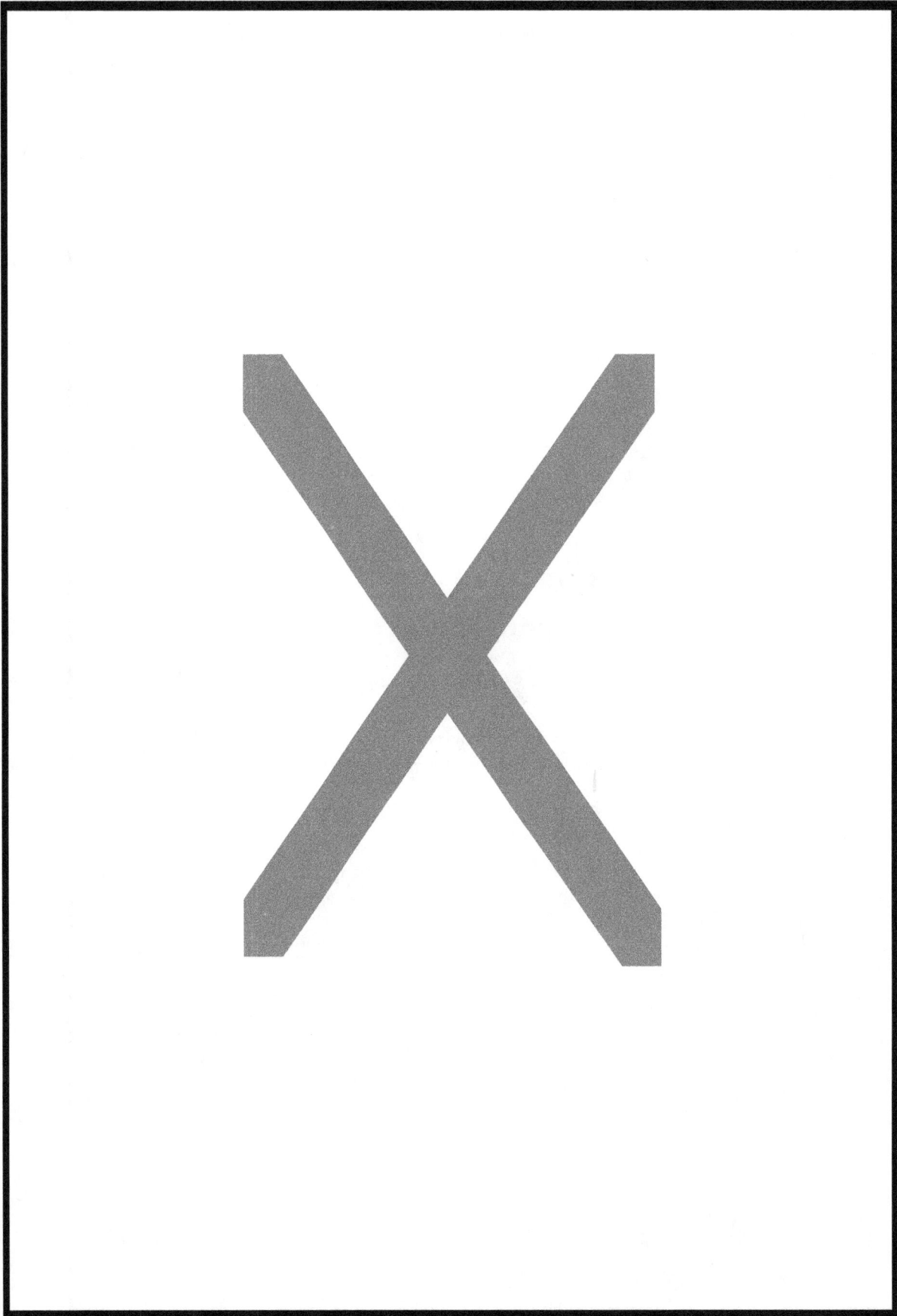

X

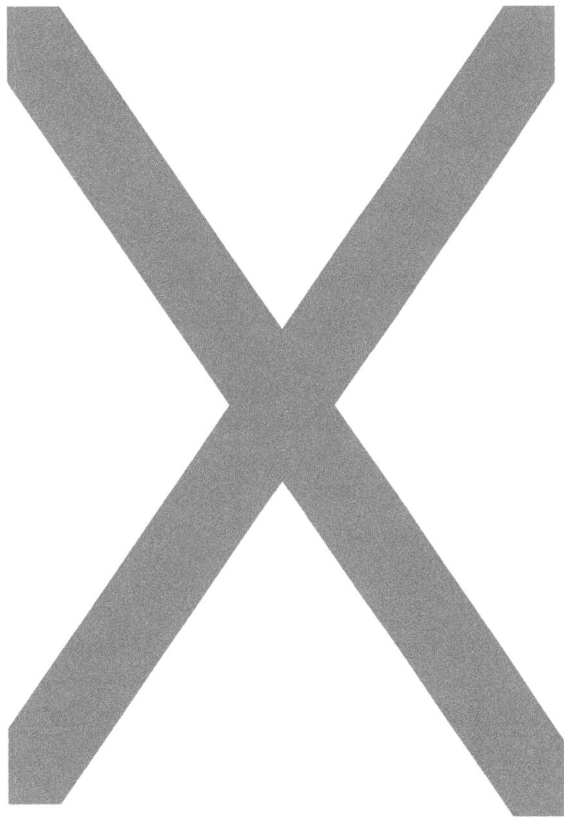

Capítulo 3: Lectura del ritmo

Esta importante sección del libro está escrita con la intención de ser estudiada junto con los ejercicios de tono y de notación de los capítulos anteriores. Trabajar en estas habilidades al mismo tiempo te ayudará a progresar más rápidamente.

Mientras que el tono de una nota puede ser aprendido de forma aislada y visto como un punto fijo en el tiempo, la melodía siempre se está moviendo hacia adelante. Por lo tanto, es esencial entender y reconocer los ritmos más comunes que pueden ocurrir en la música que tocamos.

La primera cosa por entender es que mientras que las permutaciones rítmicas son prácticamente infinitas, sólo un cierto número de ellas serán útiles para nuestros fines como músicos modernos. Esto es debido a que sólo un cierto número de ritmos forman las melodías más "cantables" e interpretables.

Obviamente, si quieres leer a primera vista la música de Frank Zappa estaría bien buscar materiales adicionales a este libro (¡echa un vistazo al Libro de bajo de Frank Zappa para una muestra realmente alucinante de notación escrita!), pero en las siguientes páginas he tratado de desglosar, analizar e ilustrar los ritmos que aparecen más frecuentemente en la música popular.

En la música escrita el ritmo se divide en compases y tiempos.

Los compases se puede ver como recipientes para los tiempos. En el sistema internacional cada tiempo es nombrado de acuerdo a la manera en que divide un compás estándar de cuatro tiempos.

Por ejemplo, una redonda ocupa todo el compás (whole note).
Una blanca (1/2 note) ocupa la mitad del compás (podemos incluir dos blancas en un compás).
Hay cuatro negras (1/4 note) en un compás.
Hay ocho corcheas (1/8 note) en un compás y hay dieciséis semicorcheas (1/16 note) en un compás.

Estas notas se escriben de la siguiente manera:

Debajo de cada nota he demostrado su valor equivalente de *silencio*. Un silencio dura la misma cantidad de tiempo que una nota con tono; sin embargo, indica que debe haber silencio durante el tiempo asignado.

En el Reino Unido, existe un sistema diferente para nombrar duración de las notas:

Una nota entera = una redonda
A 1/2 note = una blanca
A 1/4 note = una negra
A 1/8th note = una corchea
A 1/16th note = una semicorchea

Esto puede parecer extraño para gran parte del resto del mundo, pero nuestro sistema tiene una gran ventaja en comparación con el sistema internacional: los nombres métricos de las notas del sistema de EE.UU. se basan en la premisa de que hay cuatro tiempos en cada compás.

Sin embargo, la música no siempre se escribe en 4/4 (cuatro tiempos en el compás); puede haber tiempos de 3/4, 6/8 o incluso 17/16. En *cualquier cosa* diferente al tiempo de 4/4 no hay cuatro notas de 1/4 (negras) en el compás.

No obstante, el sistema de EE.UU. funciona muy bien si ignoramos este hecho bastante pedante. Es moderno, lógico, más fácil de recordar, ¡y no implica el aprendizaje de palabras pintorescas!

Para empezar da palmadas, (o toca una nota silenciada) a través del siguiente ejercicio. Configura tu metrónomo a 50 golpes por minuto y trata de marcar con el pie en el tiempo. Marcar con el pie es el secreto *más grande* para la lectura precisa del ritmo.

Ejemplo de audio 23:

Agrupaciones de notas

Las corchas y las semicorcheas se pueden agrupar en cualquier combinación matemática, siempre y cuando no sobrepasemos un total de cuatro semicorcheas en un tiempo. Se pueden agrupar de las siguientes maneras:

Ejemplo de audio 24:

Ejemplo de audio 25:

Ejemplo de audio 26:

Una vez más, marca con el pie al ritmo del metrónomo y aprende a reconocer y *sentir* los sonidos y *efectos* de estos ritmos.

Cualquiera de las notas de los ejemplos anteriores se puede sustituir por un valor de silencio correspondiente.

Ritmos ligados

Es posible *ligar* dos notas. Cuando veas una nota ligada no debes tocar la segunda nota de la agrupación. La primera nota se sostiene por el valor de la segunda nota además del suyo propio.

En la música escrita es una convención dejar siempre un espacio entre los tiempos dos y tres para facilitar la lectura. Por ejemplo, no deberías realmente ver esto (¡aunque lo harás!):

El ritmo anterior realmente *debería* escribirse así:

Los dos ejemplos anteriores suenan idénticos; sin embargo, el segundo ejemplo está escrito correctamente, ya que utiliza una ligadura para mostrar claramente donde está la mitad del compás.

Si podemos mostrar la brecha entre un tiempo y otro, entonces normalmente es más fácil de leer. Yo preferiría ver esto:

Ejemplo de audio 27:

en lugar de esto:

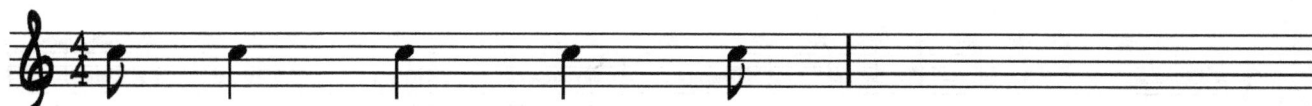

porque, una vez más, se muestran los espacios entre los tiempos. Sin embargo, esto es una cuestión de preferencia personal.

Trata de dar palmadas a través de este ejemplo que utiliza semicorcheas ligadas:

Ejemplo de audio 28:

Ritmos con puntillo

Frecuentemente verás un pequeño punto escrito después de una nota. El puntillo es una instrucción rítmica para *añadir la mitad del valor de la nota nuevamente*.

Por ejemplo, si tenemos una nota que tiene una duración de 2 tiempos, y añadimos la mitad del valor de la nota original nuevamente (la mitad de 2 = 1) terminamos con una nota que dura tres tiempos.

DOTTED 1/2 NOTE: 2 + 1 = 3 BEATS

DOTTED 1/4 NOTE: 1 + 1/2 = 1 1/2 BEATS

DOTTED 1/8TH NOTE: 1/8TH + 1/16TH = 3/16TH NOTES

En cada uno de los ejemplos anteriores puedes ver cómo la adición de un puntillo a un valor de nota afecta su longitud. En el segundo compás de cada línea puedes ver cómo la adición de un puntillo es matemáticamente lo mismo que ligar la nota original a la mitad de su longitud.

Normalmente, la siguiente nota después de la nota con puntillo hará que la nota con puntillo "sume" un número entero de tiempos:

Por ejemplo:

Ejemplo de audio 29:

1 AND 1/2 BEATS FOLLOWED BY A 1/2 BEAT = 2 FULL BEATS

Ejemplo de audio 30:

THREE 1/16TH NOTES FOLLOWED BY 1 1/16TH NOTE = 1 BEAT

Tresillos

Un tresillo es simplemente tocar tres notas de manera uniforme en el tiempo de dos notas. Están escritas en un grupo con el número "3" por encima de ellas.

Cuando aprendas tresillos de corchea, en particular, puede ayudar si dices "tre-si-llo tre-si-llo" (o en inglés se pude decir "trip-er-let) en voz alta al tiempo con el metrónomo. Asegúrate de que cada "tre" coincida exactamente con el clic del metrónomo.

THREE 1/8TH NOTES IN THE TIME IT TAKES TO PLAY TWO 1/8TH NOTES

THREE 1/4 NOTES IN THE TIME IT TAKES TO PLAY TWO 1/4 NOTES

La línea superior de cada ejemplo muestra el tresillo, la línea de fondo está allí sólo como referencia y muestra dónde está situado el valor de la nota original.

Trata de dar palmadas a través de este ejemplo. Recuerda utilizar un metrónomo y marcar con el pie.

Ejemplo de audio 31:

1   AND   TRIP   ER   LET   1   AND   TRIP   ER   LET

Cualquier par de tresillos adyacentes se pueden combinar en una sola negra en el grupo. Por ejemplo, este ritmo forma una sensación de swing básica. Ejemplo de audio 32:

TRIP (ER) LET   TRIP (ER) LET.....

Los tresillos también se pueden ligar como aprendiste en la sección anterior. Ejemplo de audio 33:

TRIP   ER   LET   ER   LET   TRIP   ER   LET   ER   LET

Cada división de corchea del tresillo también se puede tocar como dos semicorcheas:

Cuando subdivides tresillos de corcheas en semicorcheas, siempre las deberías sentir como tres grupos de dos.

Tresillos de semicorchea

Los tresillos de semicorcheas ocurren técnicamente cuando seis semicorcheas se aprietan juntas en el tiempo de cuatro semicorcheas.

Sin embargo, normalmente es más fácil pensar en seis semicorcheas en el tiempo de 1 negra. Ejemplo de audio 34:

Puede que te estés preguntando cuál es la diferencia entre tres tresillos de corchea divididos en semicorcheas, y seis

tresillos de semicorchea como están escritos anteriormente. La diferencia está en el *fraseo*.

Los tresillos de corchea divididos en semicorcheas se frasean como tres grupos de dos (conteo "1&2&3&").

Los tresillos de semicorchea se frasean como dos grupos de tres (conteo "1&a2&a").

Ejemplo de audio 35:

Si estás teniendo dificultades para obtener la sensación de los tresillos de semicorchea, intenta decir "jiggery pokery" dentro del tiempo con un clic de metrónomo lento.

Al igual que con los tresillos de corcheas, las divisiones de nota dentro de un grupo de tresillos de semicorcheas se pueden combinar. Aquí están algunos ejemplos:

Ejemplos de audio 36 y 37:

Los ritmos de tresillos de semicorcheas también se pueden ligar o se les puede poner puntillo dentro de los tresillos.

Los ejemplos de lectura de las siguientes páginas están organizados por división de nota y cada sección se mueve desde ritmos simples hasta ritmos más complejos a medida que avanzas.

Los ritmos están escritos en una sola línea de la notación para facilitar la lectura y para ahorrar espacio. Todos los ritmos están escritos en tiempo de 4/4.

Aborda la lectura de las siguientes páginas de la misma forma que los ejemplos melódicos de los capítulos anteriores.

Utiliza *siempre* un metrónomo y trata de mantener tu pie marcando dentro del tiempo del metrónomo.

Comienza con el metrónomo en alrededor de 50 golpes por minuto y da palmadas en cada ritmo o puntea una nota silenciada en tu instrumento para tocar a través de cada página.

Cuando te sientas seguro tocando los ritmos en una sola nota, trata de ascender y descender una escala que conozcas bien mientras ejecutas con precisión los ritmos de cada página.

Cuando eso se vuelva fácil, trata de improvisar una melodía con la escala sin dejar de tocar cada ritmo.

Finalmente, escribe *un* compás del ritmo que has estado trabajando, por ejemplo:

Aplica este ritmo exclusivamente a una de las páginas de ejemplos melódicos en la que estés trabajando en el capítulo 2. Sigue con el mismo ritmo por toda la página. Asegúrate de que el ritmo está escrito claramente y a la vista mientras haces esto porque te ayudará a asociar el ritmo escrito con la forma en que suena.

No necesitas tener tu instrumento en tus manos para practicar los siguientes ritmos, por lo que son geniales para tocar dando golpes sobre una superficie (¡suavemente!), mientras vas en el autobús o el tren.

Al igual que con cualquier faceta de la lectura a primera vista, le estás apuntando al reconocimiento inmediato y a la aplicación de la música escrita. A pesar de que estás aprendiendo el ritmo y el reconocimiento de tonos como habilidades separadas, ellas se combinarán de forma rápida en tu mente y se fusionarán con sorprendente rapidez. Puedes oír todos los ejercicios de las páginas siguientes tocados como un ejemplo de audio.

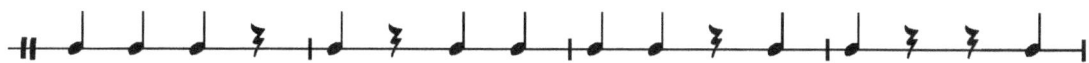

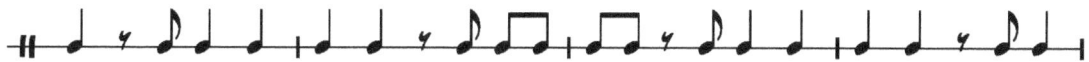

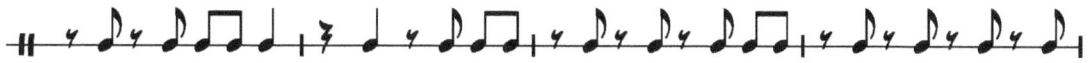

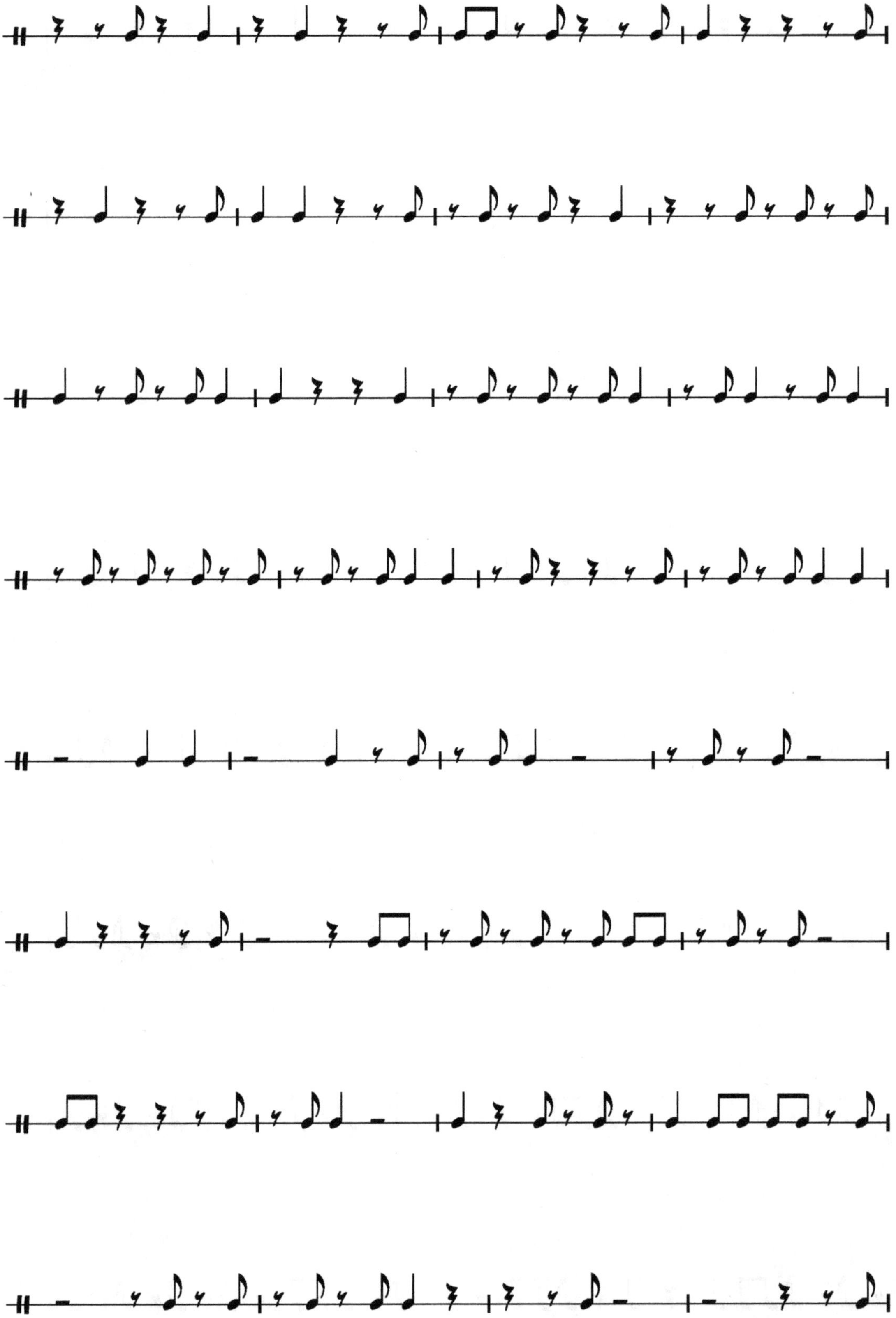

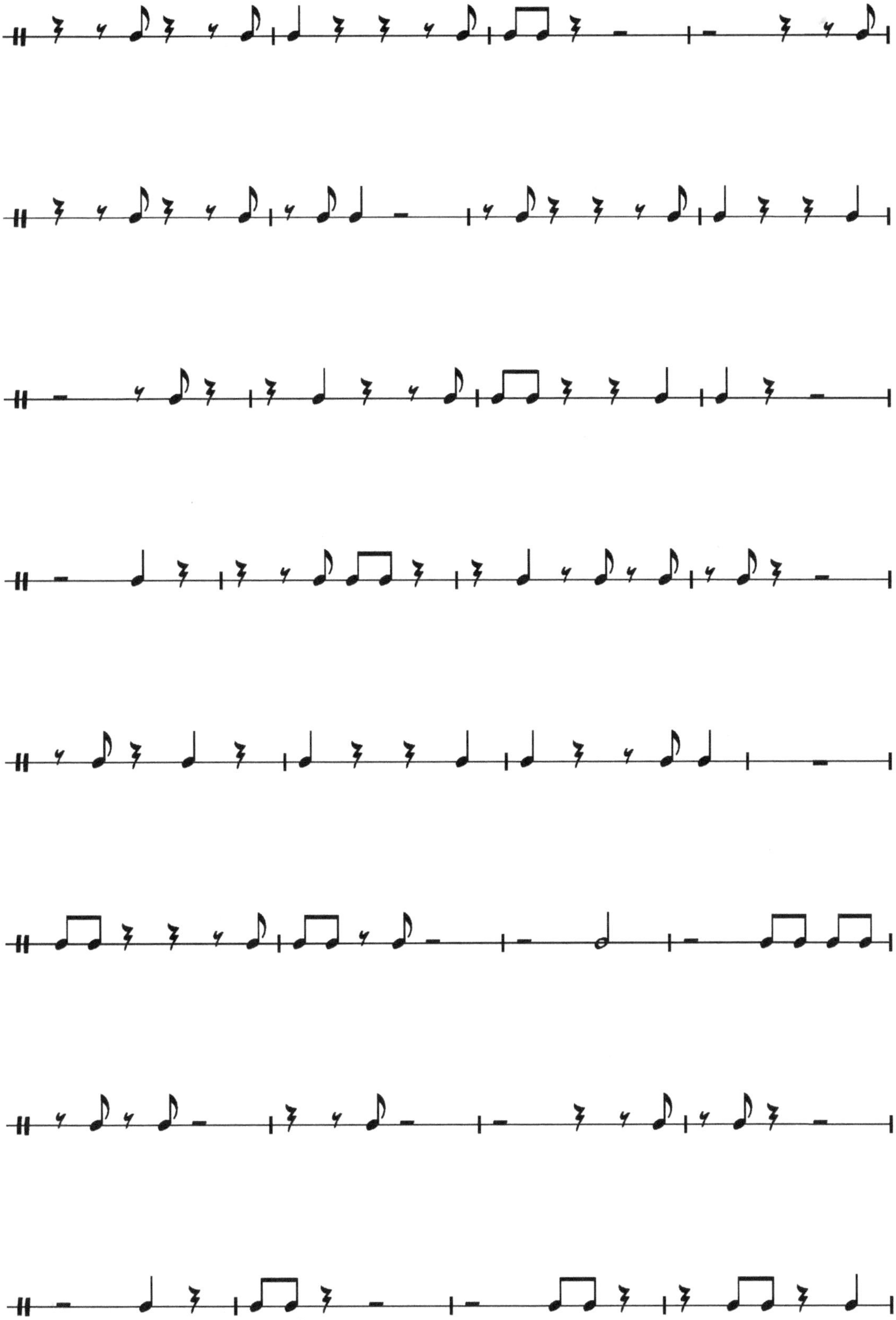

Triplets

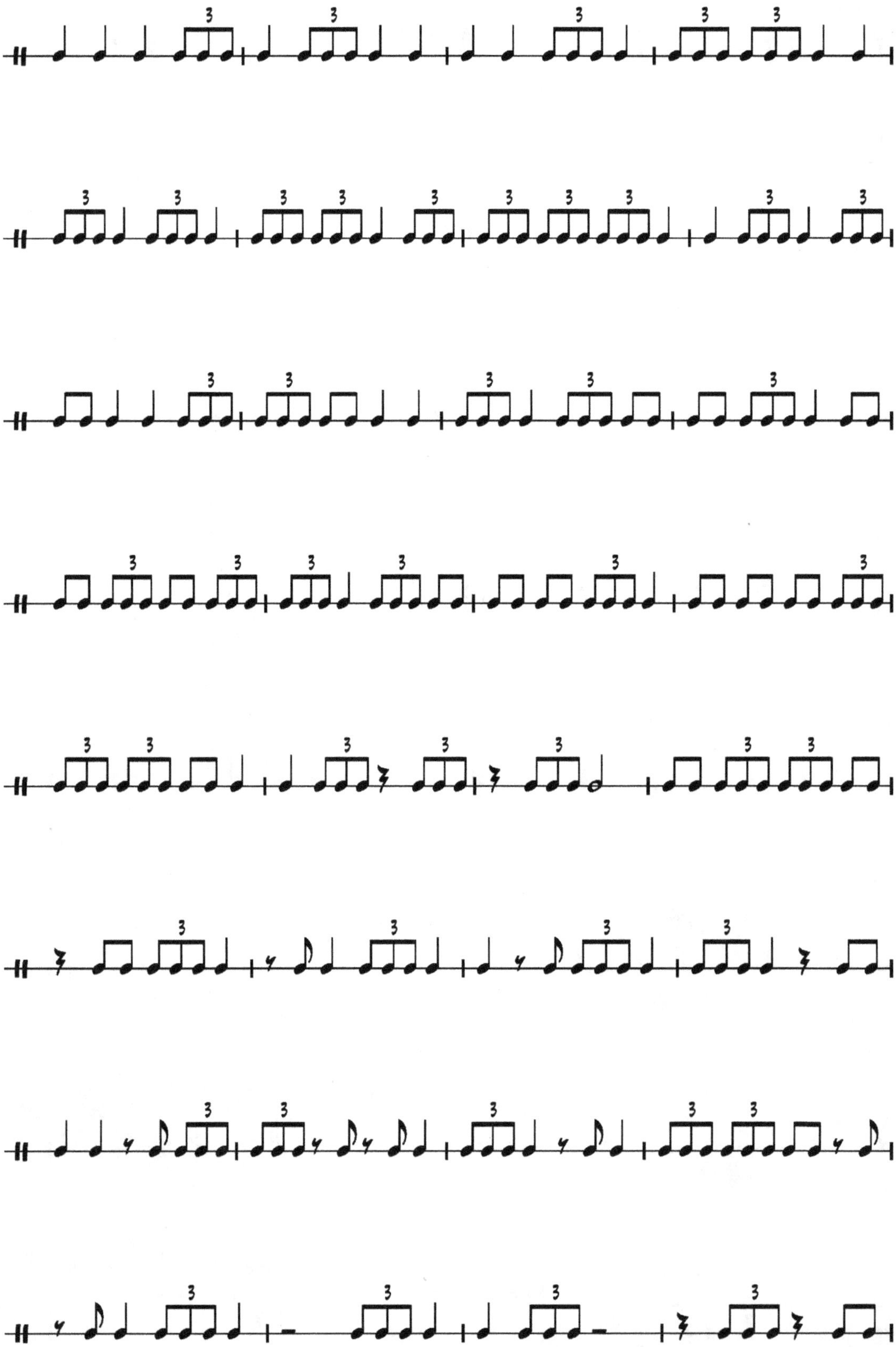

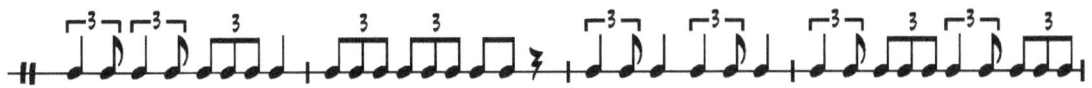

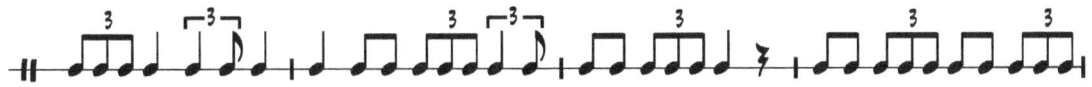

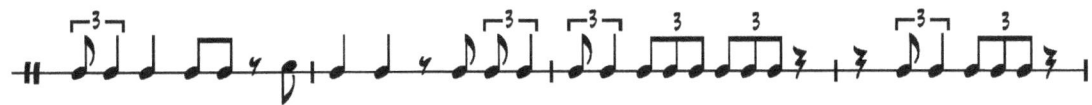

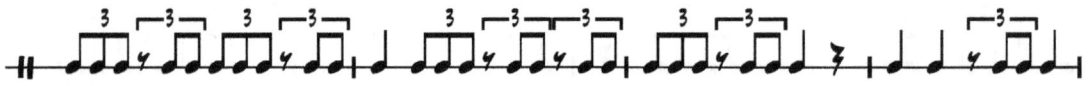

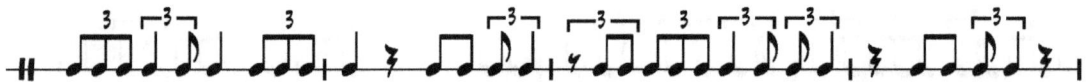

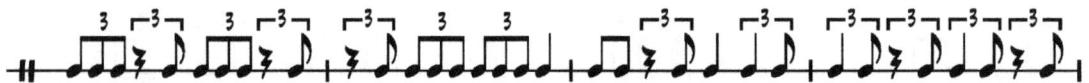

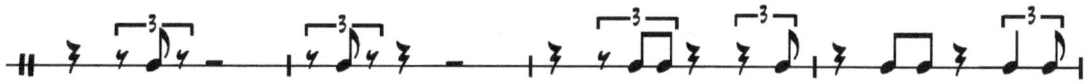

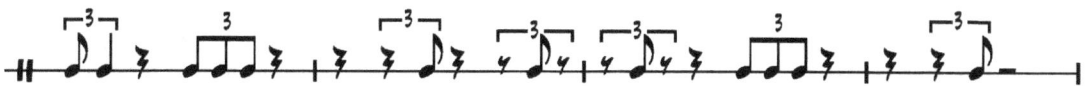

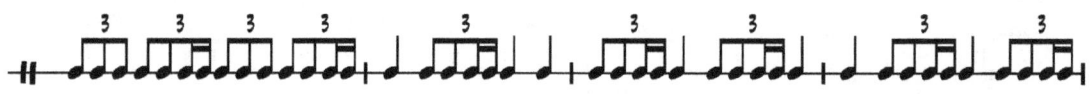

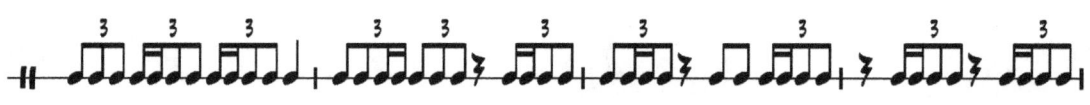

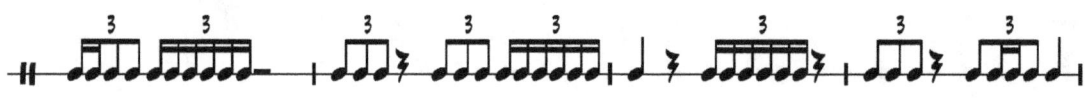

1/16TH NOTES

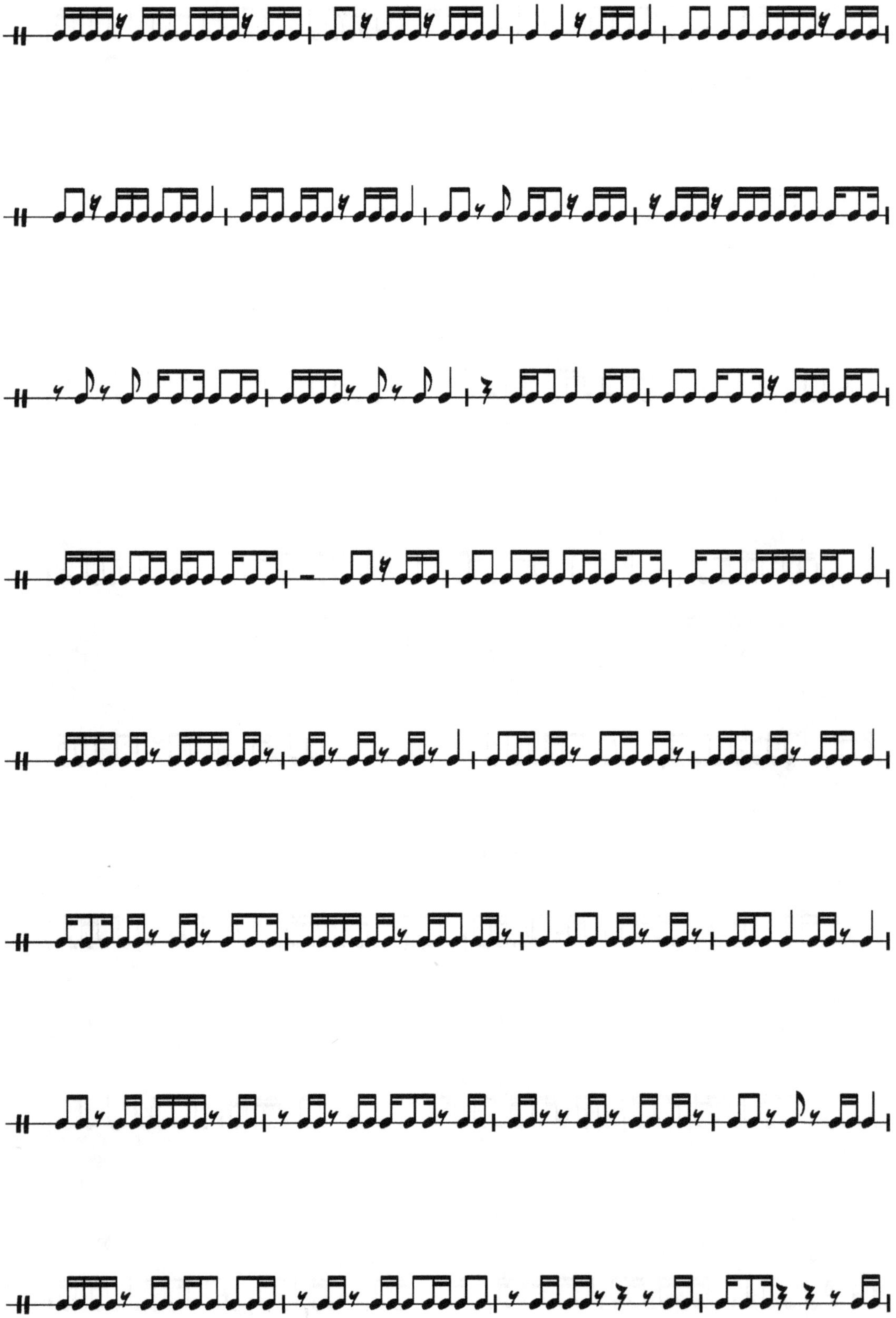

Capítulo 4: Fórmulas de compás

No todas las piezas musicales están escritas en 4/4. Otras fórmulas de compás tienen sensaciones muy diferentes, no sólo porque tienen un número diferente de tiempos en el compás, si no que además, la fórmula de compás también puede implicar que cada tiempo se divide de manera diferente.

Si recuerdas en la página 78 discutimos la diferencia entre las divisiones de tresillos de corcheas y tresillos de semicorcheas.

Los tresillos de corcheas divididos en semicorcheas son fraseados como tres grupos de dos (conteo "1&2&3&").

Los tresillos de semicorcheas se frasean como dos grupos de tres (conteo "1&a2&a").

Esta agrupación hace una gran diferencia en cómo suena la música.

Sin escuchar ejemplos de diferentes fórmulas de compás, es difícil comunicar cuán drásticamente estas modifican el sonido de la música, así que a medida que discutimos cada fórmula de compás te voy a dar ejemplos musicales específicos para ayudarte a oír el efecto de cada una.

Las fórmulas de compás más comunes que encontrarás son 3/4, 4/4, 6/8 y 12/8.

El número superior en una fórmula de compás nos dice cuántos tiempos hay en un compás, pero el número de abajo no sólo dice la *división* del tiempo (negras, corcheas o semicorcheas) a la que se refiere el número de arriba, sino también *cómo se subdividen esos tiempos.*

Todos los ejemplos en este libro hasta ahora se han escrito en 4/4. Vamos a echar un vistazo a lo que implica 4/4.

Como ya has aprendido, 4/4 indica que hay cuatro tiempos de negra en cada compás.

Lo que no es obvio es la implicación de cómo se debería dividir cada tiempo del compás.

Si una fórmula de compás tiene un número 4 en la parte inferior, cada tiempo se divide normalmente en subdivisiones de grupos pares.

Por ejemplo:

En el ejemplo anterior de 4/4 puedes ver que hay cuatro negras en cada compás, y *también* que cada tiempo se divide en números pares de subdivisiones, es decir, grupos de dos y de cuatro. Puedes contar "uno y dos y tres y cuatro y" a través de cualquier compás de 4/4.

Si deseamos tocar cualquier otro número de ritmos divididos uniformemente en cada tiempo (3s o 6s) debemos utilizar un "grupo irregular" (tresillos o sextillos), etc.

Por último, una fórmula de compás también puede implicar cómo debe ser *acentuado* cada tiempo.

Los acentos no son de ningún modo inamovibles, pero cuando se toca en 4/4, la convención musical es que *normalmente* en la música clásica los tiempos uno y tres son acentuados ligeramente, pero en la música pop y rock, los tiempos dos y cuatro son acentuados ligeramente.

Un ejemplo clásico de los tiempos uno y tres acentuados en 4/4: **Primavera de Las cuatro estaciones de Vivaldi**.

Un ejemplo contemporáneo de los tiempos dos y cuatro acentuados en 4/4: **Cliffs of Dover por Eric Johnson** (y prácticamente toda la música rock, jazz y pop).

3/4

La fórmula de compás de 3/4 nos dice que hay tres negras en cada compás y cada tiempo se parte en divisiones pares de 2 al igual que en 4/4. Puedes contar "uno y dos y tres y" a través de cualquier compás de 3/4.

Si deseamos tocar otro número regular de notas en cada tiempo (3s o 6s etc.) tenemos que usar de nuevo un grupo irregular.

Los acentos en 3/4 tienden a ser bastante variables. En la música clásica puede haber un gran acento en el tiempo 1, pero acentuar solamente los tiempos 2 y 3 también es común para un efecto "oom pa pa". 3/4 a menudo se conoce como el "tiempo de vals", ya que el 99% de los valses están escritos en 3/4.

Un ejemplo clásico del tiempo de 3/4 es **El Danubio azul por Johann Strauss II**. Este es un gran ejemplo ya que puedes escuchar cómo cambian los acentos a lo largo de la pieza musical.

Un ejemplo contemporáneo del tiempo de 3/4 es **Manic Depression por Jimi Hendrix** (está ligeramente cambiada, pero la sensación de 3/4 es fácil de oír).

Después de una rápida búsqueda en Google para encontrar otros ejemplos de tiempo de 3/4 en la música moderna, fue un poco preocupante (y un tanto deprimente) encontrar listas de "valses modernos" y listas de reproducción de 3/4 en YouTube que contienen nada más que canciones que están en 4/4 y son tocadas como tresillos, o simplemente están escritas en 6/8.

Si una pieza musical está en 3/4, puedes contar fácilmente "uno y dos y tres y" en cada compás. Si te descubres contando en grupos de tres, "123 123 123 123", etc., la música está escrita *ya sea en* 6/8, 12/8 o 4/4 con cada tiempo dividido en tresillos.

Para aclarar esto exploremos la fórmula de compás de 6/8.

6/8

Cuando una fórmula de compás tiene un "8" en el número de abajo, la subdivisión común es en corcheas. Sin embargo, lo que es extremadamente importante es cómo se agrupan estas corcheas. Si el número de la parte superior es un múltiplo de tres y el número de la parte inferior es un 8, entonces *las corcheas están agrupadas de tres en tres.*

Si las corcheas se agruparan en números pares, entonces 6/8 sonaría idéntico al tiempo de 3/4. Sin embargo, este no es el caso.

6/8 indica que hay seis corcheas en cada compás, y estas divisiones de corcheas se agrupan en grupos de tres.

Aquí hay un compás de 6/8:

La línea central muestra las seis corcheas agrupadas de tres en tres. Debido a esto *hay dos acentos principales en cada compás*. Esto se muestra en la línea superior. Cada acento es ahora una negra *con puntillo* (tres corcheas).

En 6/8 hay dos acentos principales en cada compás y cada acento se divide en tres subdivisiones.

Con suerte esto resalta la diferencia entre 3/4 y 6/8: en 3/4 hay tres acentos divididos en grupos de dos; en 6/8 hay dos acentos divididos en grupos de tres.

3/4 = 3 BEATS OF 2   6/8 = 2 BEATS OF 3

6/8 tiene una sensación de saltos; esta es la fórmula de compás de la mayoría de las danzas irlandesas y de muchas canciones de cuna.

Hay muchos ejemplos clásicos de tiempo de 6/8, pero uno que me gusta especialmente es la **Balada No. 2 de Chopin**.

Un ejemplo muy claro y más moderno de 6/8 es **We are the Champions** de Queen.

También puedes ver **When a Man Loves a Woman** por Percy Sledge.

Curiosamente, tuve que escuchar con mucha atención *When a Man Loves a Woman* antes de decidir incluirla en esta sección.

Con tantas canciones en 6/8 a veces puede ser ambiguo si la música está escrita en 6/8 o en 12/8. Mi sensación es que *When a Man Loves a Woman* está escrito en 6/8 debido al hecho de que el acorde cambia cada dos tiempos (un compás de 6/8); sin embargo, fácilmente podría estar escrito en 12/8 con dos acordes por compás.

Vamos a explorar cómo puede surgir esta ambigüedad al examinar la fórmula de compás de 12/8.

12/8

La fórmula de compás de 12/8 implica que hay cuatro tiempos principales en el compás y que cada tiempo se divide en tres corcheas de la siguiente manera:

1   &   A   2   &   A   3   &   A   4   &   A

Un compás de 12/8 es teóricamente idéntico a dos compases de 6/8. En otras palabras, puede ser difícil distinguir entre los dos ejemplos siguientes sólo con escuchar:

C MAJOR   G MAJOR

C MAJOR   G MAJOR

La diferencia entre estos ejemplos es normalmente más evidente en la música rock y pop debido a los diferentes acentos en el tiempo de la batería.

Estos dos patrones de batería; uno en 12/8 y uno en 4/4 también sonarán muy similares, si no idénticos:

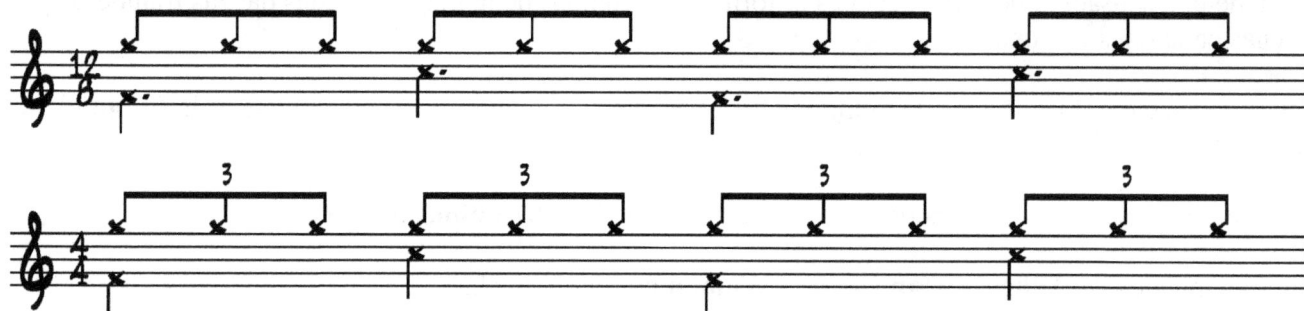

Este es un libro sobre lectura a primera vista y por lo tanto el reconocimiento de las diferencias entre las armaduras de clave y saber cómo frasear la música dentro de ellas es importante. En el ejemplo anterior, sé que sin duda preferiría estar leyendo la línea superior porque se ve mucho más simple en el papel.

Hay algunas diferencias rítmicas muy sutiles entre tocar 6/8 y 12/8, pero principalmente se reducen a diferentes percepciones de los músicos acerca de dónde deberían estar los acentos en una fórmula de compás. Además, la longitud de la frase de la melodía a veces nos puede dar una pista.

Por ahora, mantente enfocado en las habilidades fundamentales de reconocimiento de tono, ubicación en tu instrumento y la lectura del ritmo.

Conclusiones y estudio adicional

Este libro ha cubierto la gran mayoría de las habilidades que necesitas para convertirte en un excelente lector a primera vista. Sin embargo, es un largo viaje, uno para el cual siempre tendrás que hacer espacio en tu rutina de práctica si quieres llegar a ser un verdadero experto.

El material de este libro está diseñado para que dure por años. No olvides los trucos de leer una línea hacia atrás y poner la página de cabeza para crear nuevo material para ti. Si realmente te quedas sin ideas, trata de leer una página como si estuviera en una tonalidad diferente. Por ejemplo, elige una página en D mayor y simula que está en Bb.

La clave para aprender a leer música al instante es la práctica constante y no tener miedo de aumentar la velocidad del metrónomo ligeramente.

La verdad es que los mejores lectores que hay ya no están realmente leyendo a *primera vista*; ellos simplemente han practicado tanto y tienen tanta experiencia que lo han visto todo antes. Esta es la forma en que lees las palabras escritas ahora después de haber practicado toda tu vida.

Cuando ves una palabra nueva o compleja en un libro, ya has dominado el proceso mental de dividirla en sílabas reconocibles y juntar las piezas de nuevo para que tenga sentido casi al instante. Este puede ser el caso cuando estamos leyendo a primera vista; el 99% de la música puede ser perfectamente legible pero puede haber una frase que nos preocupe.

En los pocos minutos que inevitablemente tienes antes de tocar la música por primera vez, explora el manuscrito para ubicar estas frases y pasa el tiempo del que dispones averiguando primero el ritmo y luego los tonos y las ubicaciones de las notas en tu instrumento.

Si has llegado a la etapa en la que inconscientemente conoces las notas en el bajo y tienes un reconocimiento inmediato de las notas en el pentagrama, casi puedo garantizar que lo que puede hacerte tropezar será un ritmo inusual.

Los tonos musicales escritos y las ubicaciones de las notas en el bajo son muy limitadas, pero hay permutaciones prácticamente ilimitadas de ritmos. Afortunadamente, la mayor parte de la música se forma a partir de grupos similares de ritmos y este libro debería haber cubierto la mayoría de las posibilidades.

Búsqueda de nuevo material para leer

Una de las ventajas de adoptar el enfoque de "nota al azar" con los ejercicios de tono anteriores en este libro es que son extremadamente difíciles de memorizar. Un problema con muchos libros de lectura "tradicionales" es que una vez que has leído un ejemplo musical un par de veces, entonces tenderá a quedarse en tu cabeza y comenzarás a tocar de oído.

Esto significa que realmente ya no estarás leyendo a primera vista y esto puede reducir la eficacia y la vida útil de los libros de lectura a primera vista.

Si simplemente estás buscando nuevo material para leer y no estás demasiado preocupado acerca del estilo de la música, te recomendaría bastante la lectura de partituras clásicas para contrabajo para practicar. Se ha escrito gran cantidad de música clásica para estos instrumentos en los últimos cientos de años y es fácil de obtener (libre de derechos) en el Internet.

Un recurso fantástico es **http://www.freegigmusic.com/** donde hay cientos de piezas de música clásica común (y no tan común) disponible gratis. Puedes buscar por instrumento o incluso extraer las partes de un conjunto.

Hay un montón de sitios web que ofrecen .pdfs de música clásica sin derechos de autor, así que pasa algún tiempo buscando y siempre lograrás localizar algún material valioso.

Otros textos populares con los que he trabajado son:

Reading Contemporary Electric Bass: Guitar Technique por Rich Appleman
Modern Reading Text in 4/4 For All Instruments, por Louis Bellson
Odd Time Reading Text For All Instruments, por Louis Bellson

Estos son todos excelentes recursos; sin embargo, todos ellos generalmente dan el mismo consejo que voy a repetir aquí.

1) Practica en ráfagas cortas
2) Utiliza un metrónomo
3) ¡No dejes de tocar! La imprecisión en el ritmo es normalmente más notoria que la imprecisión melódica.
4) ¡Diviértete!

Buena suerte con tus estudios de lectura. Espero que este libro te ayude a alcanzar rápidamente tus objetivos de lectura a primera vista.

Joseph

Para obtener más de 250 lecciones de guitarra gratuitas con videos visita:
www.fundamental-changes.com

Twitter: @guitar_joseph
FB: FundamentalChangesInGuitar

Otros libros de Fundamental Changes

Guía completa para tocar guitarra blues - Libro 1: Guitarra rítmica

Guía completa para tocar guitarra blues - Libro 2: Fraseo melódico

Guía completa para tocar guitarra blues - Libro 3: Más allá de las pentatónicas

Guía completa para tocar guitarra blues - Compilación

El sistema CAGED y 100 licks para guitarra blues

Cambios fundamentales en guitarra jazz: ii V I mayor

Dominio del ii V menor para guitarra jazz

Solos de jazz blues para guitarra

Escalas de guitarra en contexto

Acordes de guitarra en contexto - Parte 1

Dominio de los acordes en guitarra jazz (Acordes de guitarra en contexto - Parte 2)

Técnica completa para guitarra moderna

Dominio de la guitarra funk

Teoría, técnica y escalas - Compilación completa para guitarra

Dominio de la lectura a primera vista para guitarra

El sistema CAGED y 100 licks para guitarra rock

Guía práctica de la teoría musical moderna para guitarristas

Lecciones de guitarra para principiantes: Guía esencial

Solos en tonos de acorde para guitarra jazz

Guitarra rítmica en el heavy metal

Guitarra líder en el heavy metal

Solos pentatónicos exóticos para guitarra

Continuidad armónica en guitarra jazz

Solos en jazz - Compilación completa

Compilación de acordes para guitarra jazz

Fingerstyle en la guitarra blues

Solos en rock melódico para guitarra

Pop y rock para ukulele: Rasgueo